로직아이 샘

6단계 노랑

펴내는 글 & 일러두기

로직 있는 아이를 위하여…

독서는 감동입니다. 감동은 집중력을 높여 줍니다. 어렸을 때 감동하면서 책을 읽은 아이들이 다른 일도 잘합니다.

독서는 핵심입니다. 핵심을 파악해야 발전합니다. 모든 사건에는 핵심이 있고 모든 일은 핵심을 중심으로 전개됩니다. 독서는 전체의 흐름과 핵심 파악에 도움을 줍니다.

독서는 꿈입니다. 독서는 꿈의 실현이 아니라 꿈을 꾸게 하는 다리입니다. 꿈을 꾸는 사람만이 꿈을 이룰 수 있습니다.

독서는 미래이고 희망입니다. 병들기 전에 병을 치료하는 일이 좋은 일이듯, 문제가 발생하지 않도록 하는 일이 중요합니다. 독서는 병들기 전에 치료하는 최고의 보약입니다.

〈로직아이〉는 모든 선생님과 학부모 그리고 대한민국 모든 아이들이 건강하고 행복하기를 기원합니다.

집필자들을 대신하여
(주) 로직아이 리딩교육원 원장 박우현

교재의 특징

▶ 이 교재는 오직 독서지도만을 위한 교재입니다. 그러나 이 교재의 사용은 자연스럽게 글쓰기 논술 실력도 늘게 합니다.

▶ 이 책에는 해당 책을 이용한 PSAT(공직 적격성 평가: 행정 고시, 기술 고시 1차 시험)와 LEET(사법 고시를 대신하는 법학 전문 대학원 입학시험 문제) 형식의 문제가 수록되어 있습니다. 아이들에게 대입 수능 시험 형식이나 고급 공무원 시험 형식에 대해 친근한 느낌을 갖게 할 것입니다.

교재 사용 방법

1. 이 교재를 사용하기 위해서는 반드시 가르치는 사람과 아이들은 해당 책을 읽어야 합니다. 그 후에 교재 속의 문제들을 풀면 그것만으로도 그 책을 다시 한번 읽는 셈이 됩니다.
2. 단계별로 구성되어 있기는 하지만 아이들의 성향이나 독서 능력에 따라 자유롭게 활용해도 무방합니다.
3. 각각의 교재는 6권의 책으로 구성되어 있지만, 그 순서는 교사나 학부모가 정할 수 있습니다. 아이들의 취향이나 선생님의 지도 방법에 따라 선택 지도할 수 있습니다.

〈감사의 말씀〉 이 교재 속에 수록된 텍스트와 이미지 사용을 허락해 준 모든 출판사에 감사드립니다.

목 차

시애틀 추장
4쪽

소나기
14쪽

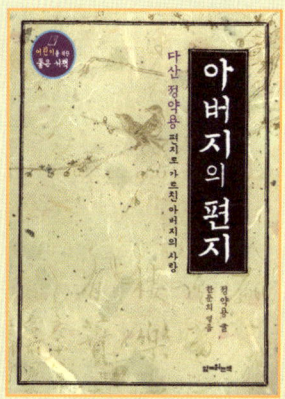
아버지의 편지
24쪽

꿈을 찍는 사진관
34쪽

존 아저씨의 꿈의 목록
44쪽

마사코의 질문
54쪽

시애틀 추장

수잔 제퍼스 글·그림 | 최권행 옮김 | 한마당

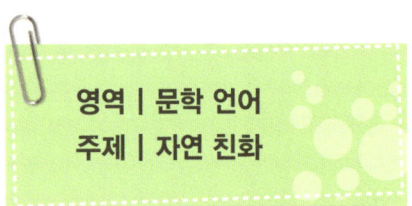

영역 | 문학 언어
주제 | 자연 친화

 목표

1. 자연에 대한 인디언들의 생각을 이해할 수 있다.
2. 자연에 대한 자신의 생각과 의견을 말할 수 있다.
3. 자연을 사랑하는 마음을 갖고 자연보호를 실천할 수 있다.

줄거리

백인은 인디언들이 옛날부터 오랫동안 살고 있던 아메리카에 쳐들어와 그들의 땅을 강제로 빼앗았다. 백인들은 그것도 모자라 인디언들이 거주하고 있던 모든 땅을 사기 위해 협상을 원했다. 그때 시애틀 추장이 인디언 전체를 대신하여 협상에 참석하여 인간도 자연의 일부라고 말하면서 자연 친화적인 사상을 펼친다.

도서 선정 이유

문장 속에 숨은 뜻을 파악할 수 있는 단계에 적합한 도서이다. 시애틀 추장의 연설을 통해 문명의 발달과 개발보다 우선되어야 할 것이 무엇인지 생각해 볼 수 있는 기회를 제공하며, 자연을 소중히 여기는 마음을 갖게 한다. 이 책은 초등학생은 물론 중학생도 읽을 만한 책이다.

1 다음 단어들의 뜻을 생각해 보고 반대말을 이야기해 보세요.

소유 – (   )   위임 – (   )

사랑 – (   )   성스럽다 – (   )

2 '소유', '위임', '사랑', '성스럽다'라는 단어가 들어간 문장을 써 보세요. (네 개의 단어가 들어간 한 문장을 써도 좋습니다.)

3 베어 나간 나무들을 보며 인디언들이 무슨 생각을 하고 있을지 추측하여 써 보세요.

1 몇백 년 전, 아메리카에 아주 오래된 종족이 살고 있을 때 어떤 사람들이 밀려왔나요?

2 인디언들을 죽인 후에 그들의 땅을 차지한 백인들은 남아 있는 인디언들을 어떻게 하려고 했나요?

3 워싱턴의 미국 정부는 인디언 연맹국과 어떤 협상을 하러 왔나요?

4 미국 정부와의 협상 하기 위해 인디언 연맹국을 대변하여 참석한 사람은 누구인가요?

5 시애틀 추장은 연설을 하면서 어떤 분들의 가르침을 들어 자신의 생각을 전달하였나요?

6 시애틀 추장은 자연을 해치면 누구에게 피해가 간다고 말하였나요?

7 인디언에게 자연과 자연의 경이로움을 파괴하는 것은 무엇을 파괴하는 것과 같은가요?

8 시애틀 추장이 연설한 지 백 년이 훨씬 지난 지금까지도 그 연설을 중요하게 여기는 이유는 무엇인가요?

1 다음 글에서 '네 조상의 조상들' 또는 '할머니의 할머니의 목소리'처럼 단어를 반복 사용해서 무엇을 강조하려고 한 것일까요?

> 내 조상들의 목소리가 내게 말했다.
> 반짝이며 흐르는 시냇물은 <u>네 조상의 조상들</u>, 그들의 피가 살아 흐르는 것이라고.
> 맑디 맑은 호수에 어리어 비치는 살아 있는 영혼의 모습은
> 우리 종족의 삶에 관한 기억이라고.
> 속삭이는 물결은 <u>할머니의 할머니의 목소리</u>
> 강들은 너의 형제들, 목마를 때 너의 목을 적셔 주고
> 우리가 탄 카누를 옮겨 주고, 우리 자식들을 먹여 키우니,
> 너는 형제에게 대하듯 똑같은 사랑으로 강들을 대해야 한다고.
>
> ― 본문에서

2 시애틀 추장의 연설 내용을 참고하여, 인디언들의 이름을 짓는 방법과 그렇게 지은 이유를 써 보세요.

시애틀 추장의 연설	언젠가 내 아버지가 내게 이렇게 말씀하신 적이 있다. 나는 나무들 몸속에 흐르는 수액을 내 혈관을 흐르는 피처럼 잘 알고 있노라고. 우리는 이 땅의 일부이고 이 땅은 우리의 일부라고 대지 위에 피어나는 꽃들은 우리의 누이들이라고 곰과 사슴과 독수리는 우리의 형제라고. ― 본문에서
인디언들의 이름	늑대와 함께 춤을, 검은 사슴, 붉은 구름, 작은 나무, 쏟아지는 폭포

(이름을 짓는 방법)

(그렇게 짓는 이유)

책·을·깊·게·읽·는·아·이·들

3 다음은 지은이의 말입니다. 밑줄 친 부분과 같이 말한 이유를 말해 보세요.

> 줄곧 더 많은 것을 가지려는 데만 몰두하던 우리는 이제 모든 것을 잃을지도 모르는 상황에 와 있습니다. 환경에 대한 우리의 의식은 이제야 뒤늦게 깨어나기 시작했습니다.
> 그러나 아메리카의 위대한 추장들은 우리에게 이 중요한 이야기를 백 년도 훨씬 전인 그때 알려 주었던 것입니다. 인디언들에게는 삼라만상과 이 대지의 모든 것이 다 성스러웠습니다. 자연과 자연의 경이로움을 파괴하는 것은 그들에게 생명 그 자체를 파괴하는 것이었습니다.
> 당시에는 아무도 그들의 말에 귀를 기울이지 않았습니다.
> 그러나 지금 우리는 그들의 말을 어느 곳에서건 생각해야만 하게 되었습니다.
> 그들의 말이 사실이 되었기 때문입니다.
> <u>정말로 너무 늦기 전에, 그들의 말에 귀를 기울여야 할 때입니다.</u>
>
> – 수잔 제퍼스 –
>
> 본문에서

시애틀 추장 | 9

1 다음은 시애틀 추장의 연설 끝 부분입니다. 백인들에게 순순히 땅을 내주는 것에 대한 여러분의 입장을 정하고 근거를 들어 토론해 보세요.

> 어린애가 엄마의 뛰는 가슴을 사랑하듯
> 우리는 땅을 사랑한다.
> 이제 우리가 당신들에게 우리 땅을 주니
> 우리가 보살폈듯 애써 보살펴라.
> 이제 당신들이 이 땅을 가진다고 하니
> 지금 이대로 이 땅의 모습을 지켜 가라.
>
> 본문에서

주장 나는 땅을 순순히 내어 주는 것에 (찬성/반대)한다.

이유 그 이유는

구체적 근거 제시

2 땅이나 호수 또는 산과 같은 자연물은 그것을 소유한 사람이 마음대로 할 수 있을까요? 각자의 의견을 이야기해 보세요. (어느 쪽 의견이든 똑같은 가치를 가질 수 있습니다.)

3 시애틀 추장은 자연의 소중함, 자연과의 어울림을 강조했습니다. 그러나 사람들은 지구 곳곳에서 자연환경을 파괴하고 있습니다. 환경 파괴의 원인과 해결 방안에 대해 논술해 보세요.

서 론	
원 인	
해결 방안	먼저
결 론	

1 다음에서 시애틀 추장의 생각과 거리가 먼 것은?

> 시애틀 추장은 외쳤습니다.
> 당신들은 돈으로 하늘을 살 수 있다고 생각하는가?
> 당신들은 비를, 바람을 소유할 수 있다는 말인가?
> 내 어머니가 옛날 내게 이렇게 말씀하신 적이 있다.
> 이 땅의 한 자락 한 자락 그 모든 곳이 우리 종족에게는 성스럽다고.
> 전나무 잎사귀 하나 물가의 모래알 하나
> 검푸른 숲속에 가득 피어오르는 안개의 물방울 하나 하나, 초원의 풀 하나 하나
> 웅웅거리는 곤충 한 마리 한 마리마다
> 우리 종족의 가슴속에 그 모두가 성스럽게 살아 있는 것들이라고.
>
> ☐ 본문에서

① 우리는 자연과 하나이다.
② 자연을 함부로 대해서는 안 된다.
③ 비와 바람을 소유하는 방법은 매우 특별하다.
④ 자연은 돈으로 사고팔 수 있는 대상이 아니다.
⑤ 나뭇잎 하나, 곤충 한 마리도 소중히 여겨야 한다.

2 다음 글을 근거로 할 수 있는 표현으로 가장 적절한 것은?

> 우리는 알지.
> 세상 만물은 우리를 하나로 엮는 핏줄처럼 서로 연결돼 있다는 것을.
> 우리들 사람이 이 생명의 그물을 엮은 것이 아니라
> 우리는 단지 그 그물 속에 들어 있는 하나의 그물코일 뿐.
> 우리가 이 그물을 향해 무슨 일을 하든 그것은 곧바로
> 우리가 우리 자신에게 하는 일이라는 것을.
>
> ☐ 본문에서

① 인간을 보호하는 일이 곧 자연을 보호하는 일이다.
② 자연이 우리의 일부가 아니라 우리가 자연의 일부이다.
③ 인간을 정복한다는 것은 결국 자연을 정복한다는 것이다.
④ 우리는 우리의 조상에게 부끄러운 후손이 되어서는 안 된다.
⑤ 세상만물에 비추어 볼 때 인간은 하찮은 대상에 지나지 않는다.

3 다음 (가) 주장의 내용으로 볼 때, 그림 (나)의 의미로 알맞은 것은?

(가) 내 목소리를 잘 들으라! 내 조상들의 목소리를 잘 들으라!
당신들 백인의 운명이 어찌될지 우리는 모른다.
모든 들소들이 도살되고 나면 그 다음 무슨 일이 벌어질 것인가?
숲속에 아무도 몰래 숨어 있던 장소가 수많은 인간의 냄새로 질식해 버리고 나면 과연 무슨 일이 일어날 것인가?
그러면 울창하던 숲은 어디에 있을 것인가?
사라져 버리고 없겠지.
기억하라.
이 땅에서 벌어지는 일들은 이 땅의 아들딸 모두에게 벌어지게 될 것이다.

 본문에서

(나)

① 환경이 파괴되면 나무가 죽을 수 있다.
② 나무는 베어도 베어도 끝없이 자라난다.
③ 인간의 발전을 위해 개발을 하는 것이 당연하다.
④ 자연을 파괴하면 결국 인간에게 그 영향이 돌아간다.
⑤ 어린 나무를 베지 말고 다 자란 나무만 베어야 한다.

소나기

황순원 글 | 맑은소리

영역 | 문학 언어
주제 | 순수, 아름다움

목표

1. 첫사랑의 감정을 이해할 수 있다.
2. 이야기의 사건 전개 과정을 파악할 수 있다.
3. 사춘기에 나타나는 소년 소녀의 마음을 이해할 수 있다.

줄거리

시골 소년이 개울가에서 윤 초시네 증손녀인 소녀와 만나면서 이야기가 시작된다. 두 사람은 만남을 거듭하면서 친해지고 소나기가 온 날 좋은 추억을 만든다. 두 사람은 서로 애틋하게 생각하고 그리움을 키우지만 아쉽게도 소녀는 먼저 하늘나라로 간다.

도서 선정 이유

이 책에 나오는 〈소나기〉는 농촌의 소년 소녀를 주인공으로 하여 청소년기의 아이들이 겪을 수 있는 일들을 그리고 있다. 순수한 사랑의 마음을 담고 있어서 성장기의 청소년이 읽고 생각해 보기에 적합한 책이다. 등장인물들의 마음을 이해하고, 사건의 전개 과정과 그 후에 이어질 내용을 생각해 보면 현재의 자신을 돌아보는 계기가 될 수 있다.

1 다음은 이 책에 나오는 단어들입니다. 보기에서 알맞은 말을 찾아 빈칸에 넣어 봅시다.

> 보기
> 초시, 증손녀, 기슭, 움키다, 아래대, 마장, 우대, 쪽, 생채기, 나룻, 들다, 긋다, 적이,
> 잠방이, 열없다(열쩍다), 까무룩, 악상, 남포, 잔망스럽다, 책보, 걀걀하다, 증조부, 텃논

의미(뜻)	단어
1. 젊어서 부모보다 먼저 자식이 죽는 경우.	
2. 얄밉도록 맹랑한 데가 있다.	
3. 손자의 딸	
4. 정신이 갑자기 흐려지는 모양.	
5. 어떤 지역을 기준으로 그 아래쪽에 있는 지역	
6. 예전에, 한문을 좀 아는 유식한 사람을 대접하여 이르던 말.	
7. 손가락을 우그리어 물건 따위를 놓치지 않도록 힘 있게 잡다.	
8. 꽤 어지간한 정도로.	
9. 비가 잠시 그치다.	
10. 가랑이가 무릎까지 내려오도록 짧게 만든 홑바지.	

2 위에서 나온 낱말 중 3가지를 골라 짧은 글짓기를 해 보세요. (세 개의 단어가 들어간 문장도 좋아요.)

내가 고른 낱말	짧은 글짓기

소나기 | 15

1 소년은 징검다리 한 가운데 앉아 있는 소녀를 보고, 개울둑에 앉아 버립니다. 왜 그렇게 했나요?

2 소녀가 보이지 않는 날이 계속될수록 소년의 가슴속에는 허전함이 자리잡게 되고, 소년에게는 어떤 버릇이 생깁니다. 어떤 버릇인가요?

3 소년과 소녀의 모습을 표현해 보세요.

4 소년은 조개 이름을 묻는 소녀와 눈이 마주쳤을 때 어떻게 행동했나요?

5 소년과 소녀가 '저 산 너머'에 가서 했던 일들은 무엇인가요?

책·을·다·시·읽·는·아·이·들

6 소나기가 왔을 때 소녀를 보호하기 위해 소년은 어떤 일을 해 주었나요?

7 소녀의 분홍 스웨터 앞자락의 검붉은 진흙물이 든 까닭은 무엇인가요?

8 소년이 마지막으로 소녀에게 주고 싶어 했던 것은 무엇인가요?

9 소녀의 마지막 말은 무엇이었나요?

1 다음 글에 나오는 "이 바보."라는 말에 숨은 의미를 이야기해 보세요.

소녀는 소년이 개울둑에 앉아 있는 걸 아는지 모르는지 그냥 날쌔게 물만 움켜 낸다. 그러나 번번이 허탕이다. 그래도 재미있는 양, 자꾸 물만 움킨다. 어제처럼 개울을 건너는 사람이 있어야 길을 비킬 모양이다.

그러다가 소녀가 물속에서 무엇을 하나 집어 낸다. 하얀 조약돌이었다. 그러고는 훌쩍 일어나 팔짝팔짝 징검다리를 뛰어 건너간다.

다 건너가더니 휙 이리로 돌아서며,

"이 바보."

조약돌이 날아왔다.

본문 13쪽에서

2 다음 글 속의 소년의 마음은 어떠할까요? 왜 그렇게 생각했는지 그 까닭을 말해 보세요.

소녀와 헤어져 돌아오는 길에 소년은 혼자 속으로 소녀가 이사를 간다는 말을 수없이 되뇌어 보았다. 무어 그리 안타까울 것도 서러울 것도 없었다. 그렇건만 소년은 지금 자기가 씹고 있는 대추알의 단맛을 모르고 있었다.

본문 33쪽에서

소년의 마음

그렇게 생각한 까닭

책·을·깊·게·읽·는·아·이·들

3 다음 글에 나오는 '어딘가 허전함'의 근거나 의미를 말해 보세요.

> 다음날부터 좀더 늦게 개울가로 나왔다. 소녀의 그림자가 뵈지 않았다. 다행이었다. 그러나 이상한 일이었다. 소녀의 그림자가 뵈지 않는 날이 계속될수록 소년의 한구석에는 <u>어딘가 허전함</u>이 자리잡는 것이었다. 주머니 속 조약돌을 주무르는 버릇이 생겼다.
>
> 본문 14쪽에서

4 소년은 잠결에 다음과 같은 이야기를 듣습니다. 소녀의 마음은 어떤 마음이고, 그 말을 듣는 소년의 마음은 어떠했을까요?

> "그런데 참 이번 기집애(계집애)는 어린것이 여간 잔망스럽지가 않어. 글쎄, 죽기 전에 이런 말을 했다지 않어? 자기가 죽거든 자기 입은 옷을 꼭 그대루(그대로) 입혀서 묻어 달라구……."
>
> 본문 37쪽에서

- 소녀의 마음
- 소년의 마음

책을 내 것으로 만드는 아이들

1 '소나기'는 갑자기 세차게 쏟아지다가 곧 그치는 비를 말합니다. 이 책의 지은이는 왜 소설의 제목을 '소나기'라고 지었을까요?

2 돈이 한푼도 없는 상황에서 다음 글과 같은 상황이 되었다면 어떻게 해야 할까요? 다른 사람의 밭에 들어가서 무를 뽑아 먹어야 할까요?

> "저게 뭐니?"
> "원두막."
> "여기 참외 맛있니?"
> "그럼. 참외 맛두(맛도) 좋지만 수박 맛은 더 좋다."
> "하나 먹어 봤으면."
> 소년이 참외그루에 심은 무밭으로 들어가, 무 두 밑(뿌리)을 뽑아 왔다. 아직 맛이 덜 들어 있었다. 잎을 비틀어 팽개친 후 소녀에게 한 밑 건넨다. 그러고는 이렇게 먹어야 한다는 듯이 먼저 대강이를 한 입 베물어 낸 다음 손톱으로 한 돌이(둘레) 껍질을 벗겨 우적 깨문다.
>
> 본문 20~21쪽에서

무를 뽑아 먹어야 한다.

근 거

무를 뽑지 않아야 한다.

근 거

3 자신의 마음에 드는 이성(異性) 친구를 처음 만난다면 어떤 방식으로 가깝게 지내는 것이 좋을까요?

4 〈소나기〉는 '소녀가 죽었다.'는 이야기로 끝이 납니다. 만약 여러분이 이 뒤의 이야기를 쓴다면 어떻게 쓰겠습니까? 뒷이야기를 써 보세요.

1 다음 글을 읽고 알 수 <u>없는</u> 것은?

> 누가 말한 것도 아닌데 바위에 나란히 걸터앉았다. 유달리 주위가 조용해진 것 같았다. 따가운 가을 햇살만이 말라가는 풀냄새를 퍼뜨리고 있었다.
>
> 본문 24쪽에서

① 매우 친한 친구 사이다.
② 시간적인 배경은 가을이다.
③ 등장인물은 두 명 이상이다.
④ 공간적인 배경은 들판이나 산속이다.
⑤ 등장인물들 사이에는 대화가 오가지 않는다.

2 다음 내용으로 알 수 <u>없는</u> 것은?

> 불룩한 주머니를 어루만졌다. 호두송이를 맨손으로 깠다가는 옴이 오르기 쉽다는 말 같은 건 아무렇지도 않았다. 그저 근동에서 제일가는 이 덕쇠 할아버지네 호두를 어서 소녀에게 맛보여야 한다는 생각만이 앞섰다.
>
> 그러다 아차, 하는 생각이 들었다. 소녀더러 병이 좀 낫거들랑 이사 가기 전에 한 번 개울가로 나와 달라는 말을 못 해 둔 것이었다. 바보 같은 것, 바보 같은 것…….
>
> 본문 35쪽에서

① 주머니에는 호두가 많이 들어 있다.
② 소년과 소녀는 약속 시간을 정해 놓지 않았다.
③ 소년이 호두를 맨손으로 까는 까닭은 옴 때문이다.
④ 소년은 호두를 까는 동안 한 가지 생각만 했을 뿐이다.
⑤ 소년은 약속 시간을 정하지 않은 것에 대해 자책하고 있다.

다음 글을 읽고 물음에 답하시오.(3~4)

그날 밤, 소년은 자리에 누워서도 같은 생각뿐이었다. 내일 소녀네가 이사하는 걸 가 보나 어쩌나. 가면 소녀를 보게 될까 어떨까.

그러다가 까무룩 잠이 들었는가 하는데,

"㉠허 참, 세상일두……."

마을 갔던 아버지가 언제 돌아왔는지,

"윤 초시댁두 말이 아니어, ㉡그 많은 전답을 다 팔아버리구, 대대루 살아오든 집마저 남의 손에 넘기드니 ㉢또 악상까지 당하는 걸 보면……."

남폿불 밑에서 바느질감을 안고 있던 어머니가,

"증손이라곤 기집애 그애 하나뿐이었지요?"

"그렇지. ㉣사내애 둘 있든 건 어려서 잃구……."

"어쩌믄 그렇게 자식복이 없을까."

"글쎄 말이지, 이번 앤 꽤 여러 날 앓는 걸 약두 변변히 못 써봤다드군. 지금 같아서는 ㉤윤 초시네두 대가 끊긴 셈이지. 그런데 참 이번 기집애는 어린것이 여간 잔망스럽지가 않어. 글쎄, 죽기 전에 이런 말을 했다지 않어? 자기가 죽거든 자기 입은 옷을 꼭 그대루 입혀서 묻어 달라구……."

본문 37~38쪽에서

3 이 이야기 속의 윤 초시댁 일과 어울리는 한자성어는?

① 금상첨화(錦上添花)
② 설상가상(雪上加霜)
③ 호사다마(好事多魔)
④ 고진감래(苦盡甘來)
⑤ 내유외강(內柔外剛)

4 위의 ㉠ ~ ㉤ 중 가리키는 사건이 같은 것끼리 묶인 것은?

① ㉠, ㉡
② ㉡, ㉢
③ ㉢, ㉣
④ ㉣, ㉤
⑤ ㉠, ㉤

아버지의 편지

정약용 글 | 한문희 엮음 | 함께읽는책

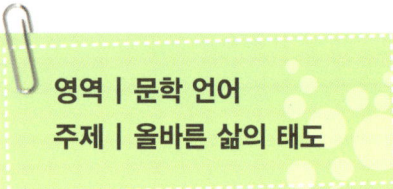
영역 | 문학 언어
주제 | 올바른 삶의 태도

1. 편지글에 담긴 아버지의 사랑을 헤아릴 수 있다.
2. 옛글을 읽고 올바른 생활 태도를 본받을 수 있다.

줄거리

유배지에서 고향에 남겨진 가족들을 걱정하는 정약용(아버지)의 마음이 담긴 편지이다. 특히 두 아들이 올바르게 자라기를 바라는 속 깊은 부정을 때로는 엄격하게, 때로는 따뜻하게 전하고 있다. 주로 학문에 정진해야 할 때의 마음가짐과 방법, 올바른 인간으로 바로 서기 위한 삶의 태도를 강조하였다.

도서 선정 이유

세상이 빠르게 변하고, 가족 간의 유대가 약해지는 현대 사회를 살아가는 어린이들에게 부모 자식 간의 사랑과 가족애를 배울 수 있는 가르침이 담긴 책이다. 특히 이 책을 통하여 올바른 삶의 태도를 배우고, 공부하는 이의 마음가짐과 태도를 반성하고 바로잡는 계기가 될 것이다.

1 '아버지'라는 낱말을 보고 떠오르는 생각이나 느낌을 마인드맵으로 표현해 보세요.

2 아버지와 어머니의 성격을 비교하거나 대조하여 이야기해 보세요.

아버지의 성격	어머니의 성격

3 다산(茶山) 정약용 선생에 대해 아는 대로 이야기해 보세요.

아버지의 편지 | 25

 책을 다시 읽는 아이들

1 아버지로부터 편지를 받는 두 아들의 이름은 무엇인가요?

2 아버지께서 편지를 보내며 아들들에게 당부한 두 가지는 무엇인지 [보기]에서 찾아 써 보세요.

| 보기 | 소질　봉사　농사　공부　운동　태도　희망 |

첫째, ☐☐을/를 열심히 하는 것

둘째, 올바른 삶의 ☐☐을/를 갖추는 것

3 다산 선생이 학문의 근본이라고 말한 마음가짐은 어떤 것인지 생각해 보고 빈칸에 들어갈 알맞은 말을 [보기]에서 찾아 써 넣으세요.

| 보기 | 우애　협동　성실　공경　효도　정직　근면 |

부모님께 ☐☐하고,

형제간에 ☐☐하며

다른 사람을 ☐☐하는 것

4 다산 선생은 책을 읽을 때 중요한 내용이 나오면 '이것'을 하라고 하였습니다. 옛 말로는 '초서(抄書)'라고도 하는 이것이 무엇인지 우리말로 쓰세요.

5 다산 선생은 두 아들에게 독서에 순서가 있다고 말했습니다. 책의 종류를 보고 독서해야 하는 순서를 바르게 나열하세요.

6 다산 선생이 새해 첫날에 계획하는 것은 무엇인가요?

7 집안을 일으키는 떳떳한 길이 되는 활동은 무엇을 두고 하는 말인가요?

8 집안을 안정시키는 네 가지 가치 중 세 가지를 [보기]에서 찾아 쓰세요.

보기	화목 독서 친절 용서 검소 이치 권력 청결

☐☐하고 순종하는 것은 집안을 올바르게 하는 근본

부지런하고 ☐☐함은 집안을 경영하는 근본

☐☐을/를 따르는 것은 집안을 보존하는 근본

9 다산 선생은 아들들의 두 가지 활동을 칭찬하셨습니다. 그 두 가지는 어떤 활동이었나요?

☐☐을/를 심은 것과 ☐☐을/를 기르는 일

1 아버지께서 두 아들에게 쓴 편지의 일부입니다. 아버지께서 편지를 쓰신 이유를 써 보세요.

> 너희가 보고 싶구나.
> 내가 이 쓸쓸한 유배지에서 외롭게 지내면서 마음을 붙여 의지하는 것은 오로지 글을 짓는 일뿐이로구나. 그래서 어쩌다가 마음에 드는 글이라도 짓게 되면, 스스로 읊조리고 감상하다가 이윽고 '이 세상에서 오직 너희에게만 보여줄 수 있겠구나'라고 생각하곤 하였다.
> – 중략 –
> 너희가 참으로 책을 읽으려고 하지 않는다면, 이는 내가 지은 책을 쓸모없게 하는 것이다. 그래서 내가 지은 책이 쓸모없게 된다면, 나는 내가 하는 일에서 보람을 찾을 수 없을 것이니, 장차 일할 의욕을 잃고 진흙으로 빚어 놓은 인형에 불과하게 될 것이다.

2 다음과 같은 방법으로 독서를 하였을 때의 좋은 점을 두 가지 써 보세요.

> 책을 읽되, 그냥 눈으로만 읽기만 하는 것은 하루에 책 1천 권, 글 1백 편을 읽을지라도 오히려 읽지 않는 것과 마찬가지일 게다.
> 책을 읽을 때에는 항상 한 글자라도 그 올바른 뜻을 분명하게 알지 못하는 곳이 있거든 두루 찾아보고 깊이 연구해서 그 근본 뜻을 밝혀 알아냄으로써 마침내 그 글의 전체 의미를 환하게 알 수 있어야 하는 것이다.

①

②

3 마음속에 보답을 바라는 싹을 남겨 두지 말아야 하는 이유는 무엇인가요?

_____

_____

4 다산 선생은 '시비(是非)'와 '이해(利害)'를 다음과 같이 네 가지로 나눌 수 있다고 하였습니다. 다음 그림을 보고 각각에 해당하는 활동을 한 가지만 찾아 써 보세요.

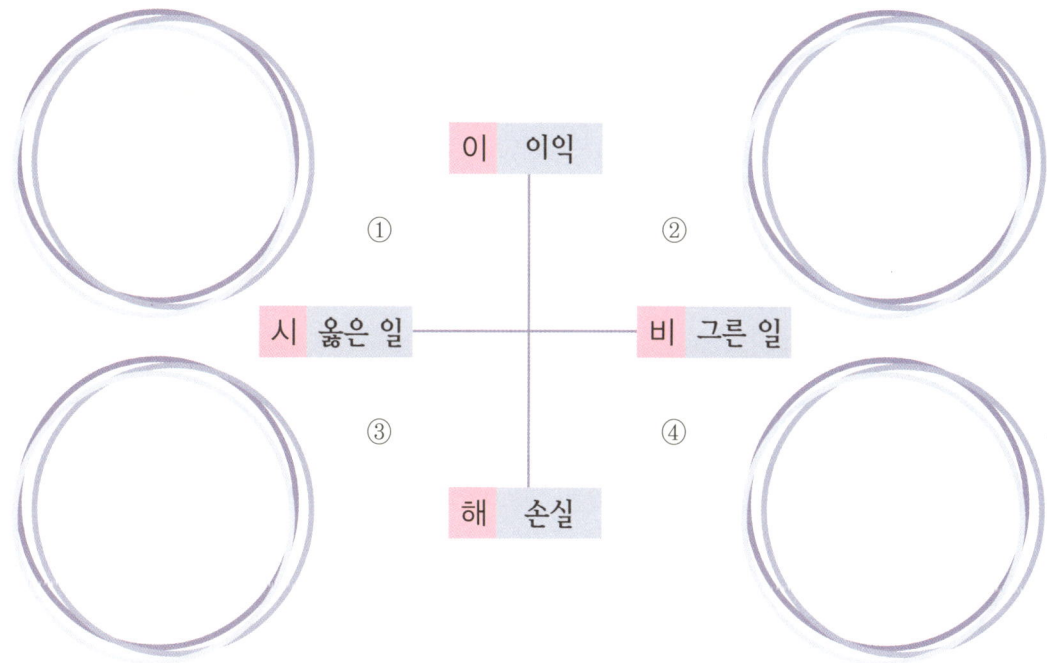

5 다음 편지에 담긴 의미를 생각하여 보고 빈칸에 알맞은 말을 써 넣으세요.

> 매사에 꼼꼼히 안살림에서부터 깊게 생각하여 계획을 세워 처리하고 마음속에 남의 은혜를 바라는 생각을 완전히 없애버린다면 자연히 심기가 화평해져서 하늘을 원망하고 남을 탓하는 병통이 없어질 것이다.

어렵고 힘들 때일수록 _____ 문제를 해결하라.

책을 내 것으로 만드는 아이들

1 자신의 공부 습관 중에서 좋은 점과 고쳐야 할 점을 찾아 써 보세요.

영 역	좋은 점	고쳐야 할 점
마음가짐		
학습 태도		
시간 관리		

2 정약용 선생은 두 아들에게 보내는 편지에서 채소밭을 가꾸는 것에 대하여 말씀한 적이 있습니다. 여러분의 집안 특성을 고려하여 씨앗을 뿌리고 가꿀 만한 식물은 어떤 것이 있는지 찾아보세요. 그리고 그 식물을 선택한 까닭도 써 보세요.

기르고 싶은 식물

이유

3 정약용 선생은 새해가 되면 한 해의 공부할 계획을 세우셨다고 합니다. 여러분도 한 해의 계획을 세워 보세요.

1월	2월	3월	4월	5월	6월

7월	8월	9월	10월	11월	12월

4 다음 그림을 보고 우리가 가족과 부모님을 위하여 할 수 있는 예절, 효도, 공경의 태도에 대하여 실천 사항을 써 보세요.

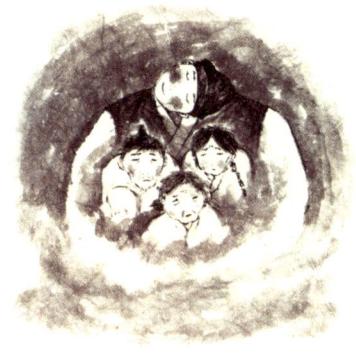

대상	예절, 효도, 공경의 태도의 실천 사항
부모님	
형제	
다른 가족	

5 아버지께서 보낸 아래의 편지를 읽고 아버지를 위로하는 내용을 담아 답장을 써 보세요.

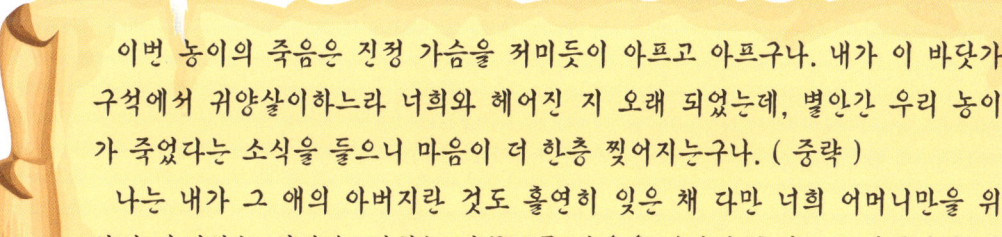

이번 농이의 죽음은 진정 가슴을 쳐미듯이 아프고 아프구나. 내가 이 바닷가 구석에서 귀양살이하느라 너희와 헤어진 지 오래 되었는데, 별안간 우리 농이가 죽었다는 소식을 들으니 마음이 더 한층 찢어지는구나. (중략)
　나는 내가 그 애의 아버지란 것도 홀연히 잊은 채 다만 너희 어머니만을 위하여 슬퍼하는 것이다. 너희는 아무쪼록 마음을 다하여 효성으로 받들어서 너희 어머니의 목숨을 보전하도록 하거라.

다음 글을 읽고 물음에 답하시오. (1~2)

연아, 유아야.
너희는 한 번 생각해 보거라.
시골에 살면서 과원이나 채소밭을 가꾸지 않는다면 이런 사람은 세상에 쓸모가 없는 사람이란다.
나는 정조 임금님이 돌아가셔서 경황이 없는 중에도 오히려 넝쿨 소나무 열 그루와 노송 두 그루를 심었었다. 내가 지금까지 집에 있었다면 뽕나무가 몇 백 그루, 접목한 배나무가 몇 그루, 옮겨 심은 능금나무가 몇 그루가 있었을 것이다.
— 중 략 —
너희가 국화를 심었다는 말을 들었다. 한 이랑의 국화는 가난한 선비의 몇 달 양식을 충분히 지탱할 수 있으니 한갓 꽃구경에만 그치는 것이 아니리라. 생지황, 반하, 길경, 천궁 따위와 쪽나무, 꼭두서니 등에도 두루 유의하도록 하여라.

본문 116쪽에서

1 위의 편지를 통해 알 수 있는 아버지의 가르침을 바르게 말한 것은?

① 양반은 시골에 살아도 농사를 지으면 안 된다.
② 나무를 심고 채소를 가꾸는 일은 쓸데없는 활동이다.
③ 양반들은 농사에 관련된 책을 많이 읽고 공부해야 한다.
④ 학문하는 것 못지않게 농사를 통해서도 배울 것이 많다.
⑤ 양반은 학문보다 생업에 유익하고 보탬이 되는 일을 해야 한다.

2 위의 편지에 따라 연아와 유아가 해야 할 일로 알맞은 것은?

① 시골로 가서 농사짓는 일에 힘쓴다.
② 공부에도 힘쓰고, 부모님께 효도한다.
③ 아버지께서 심어둔 소나무와 노송을 돌본다.
④ 집에 도움이 될 만한 꽃이나 나무를 찾아 심는다.
⑤ 백성들이 가꾸는 과원이나 채소밭 가꾸기를 도와준다.

 다음 글을 읽고 물음에 답하시오.(3~4)

연아는 보거라.
너는 공부할 때를 점점 넘기고 있어 걱정스럽구나. 집안의 사정으로 보아서는 의당 집을 떠나 스승을 찾아 배움에 더욱 정진해야 할 것이니, 이곳에 와서 함께 지내는 것이 가장 합당할 것 같구나.
그런데 네 어머니는 필시 인정에 얽매여 너를 이곳으로 보내려고 하지 않을 것이다.
– 중 략 –
결코 공부를 그르쳐서는 안 될 것이다.
네가 이곳에 와서 가르침을 받아야 하는 까닭은 무엇이겠느냐?
첫째는 날로 마음 씀씀이가 어그러지고 행동거지가 천박해지기 때문이고, 둘째는 안목이 좁아지고 뜻과 기상을 잃어 가기 때문이며, 셋째는 옛 성현의 경서에 대한 공부가 조잡해지고 재주와 식견이 텅 비어 가기 때문이다.
그래서 이곳에 와서 가르침을 받아야 하는 것이다.
<u>자잘한 사정들</u>은 돌아보지 말거라.

본문 27~28쪽에서

3 연아가 공부해야 한다는 주장의 근거로 알맞지 <u>않은</u> 것은?

① 세상을 보는 눈이 넓어지기 때문에
② 고귀한 품성을 기를 수 있기 때문에
③ 몸과 마음을 바르게 할 수 있기 때문에
④ 공부에 대한 깊이가 얕아지고 있기 때문에
⑤ 공부는 어릴 때 할수록 효과가 크기 때문에

4 위 글의 내용으로 짐작할 수 있는 '자잘한 사정들'에 해당하지 <u>않는</u> 것은?

① 공부하여 입신양명하는 것
② 아버지를 대신하여 집안을 지키고 있는 것
③ 집안의 형편상 집을 떠나 공부를 하기 어려운 것
④ 아버지께서 귀양살이 중이어서 집에 안 계시는 것
⑤ 어머니께서 사사로운 정에 끌려 보내주시지 않으려는 것

꿈을 찍는 사진관

강소천 외 글 | 이승원 그림 | 상서각

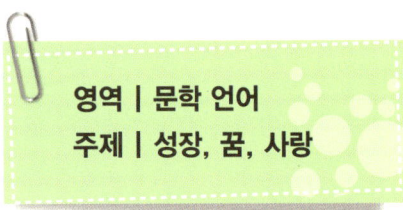

1. 가족의 사랑, 우정, 꿈이 중요하다는 것을 알 수 있다.
2. 합리적인 사고와 올바른 생활 태도의 중요성을 알 수 있다.

줄거리

　강소천, 이정호, 김성도, 노양근, 황순원, 장수철, 이구조 작가의 창작 동화 12편이 실려 있다. 각 단편 동화에 등장하는 어린이들은 꿈을 가지고 올바르고 정직하며 마음껏 상상하며 자란다. 그러나 친구들의 관심, 가족의 따뜻한 사랑을 받지 못할 때 어린이들의 마음에는 갈등과 아픔이 생긴다.

도서 선정 이유

　〈꿈을 찍는 사진관〉은 국어 읽기 교과서에 수록되어 있다. 여러 단편으로 이루어진 이 책은 사춘기에 접어드는 초등학교 고학년 학생들에게 자신의 삶의 태도를 살펴보며 올바른 가치관과 꿈을 찾는 데 도움이 될 수 있다.

1 옛이야기에는 요즘 잘 사용하지 않는 낱말이 많습니다. [보기]에서 적절한 낱말을 찾아 다음 글을 완성해 보세요.

그러자 신기하게도 해가 뜨는 것같이 찬란한 세상이 펼쳐졌습니다. 가지각색의 나무가 무성하고, 이리저리 쭉 뻗은 _____은/는 그야말로 땅 위에서 보지 못하던 세상이었습니다.

등에 업힌 채로 한참 동안 가니, 붉은 산호로 지어진 큰 **대궐** 이/가 보였습니다. _____을/를 쓴 사람은 그제야 내려놓으며 여기가 바로 용궁이라고 했습니다. 거기서부터는 걸어서 _____을/를 따라 들어갔습니다. 여러 색깔의 화려한 궁전은 깊이 들어갈수록 신기했습니다. 집 속에 또 집이 있고 _____에서는 보지 못했던 갖가지 생선들이 아름다운 옷을 입고 늘어서 있었습니다. 그런 곳을 여러 번 지나서 용왕님 앞에까지 이르렀습니다.

마침내 용왕님은 푸른빛 _____에 연꽃 모양의 _____을/를 쓰고 하얗게 늘어진 수염 끝을 한 손으로 잡고 앉아 있었습니다.

보기
① 왕관 : 임금이 머리에 쓰는 관
② 문어귀 : 문으로 들어가는 첫머리
③ 대궐 : 임금이 거처하는 곳으로 궁궐이라고도 부른다.
④ 신작로 : 넓어서 자동차가 다닐 수 있을 정도인 새로 낸 길
⑤ 곤룡포 : 비단에 가슴과 어깨에 용무늬를 수놓아서 만든 임금이 입던 정복
⑥ 패랭이 : 대나무 가지를 엮어 만들어서 신분이 낮은 사람이 머리에 쓰는 갓의 일종
⑦ 초립동이 : 나이가 어리지만 상투를 틀고 풀잎을 엮어서 만든 갓을 쓴 젊은 사내

2 위의 낱말 중 두 개를 골라 하나의 멋진 문장을 만들어 보세요.

🔍 이야기의 내용에 알맞은 단어를 보기에서 찾아 ( ) 안에 써 넣어 보세요.

보기
할아버지 다람쥐 꽃씨 나무 벚꽃나무 개 이름 대장장이 여행
사람 풀 쌀 연적 고양이 고아원 꽃나무 북쪽 뿌리 교실
부산 서울 허수아비 숲 싹 과학자

이상한 연적
할아버지가 놓아 준 물고기로 인해 얻은 (　　)을/를 이웃의 욕심 많은 방물장수 할머니가 훔쳐 갔다. 이것을 할아버지가 기르던 (　　)와/과 (　　)이/가 찾아오게 되었다.

숲의 나라 멧새의 나라
평화롭던 숲의 나라 멧새의 나라에 쳐들어온 오랑캐 나라 버금 임금님은 백성들을 몹시 괴롭히고 (　　)의 (　　)을/를 마구 잘라냈다. 그러자 병이 나서 결국 달아나 버렸다.

대포와 꽃씨
동쪽 나라에서 꽃의 (　　)이/가 든 포탄을 서쪽 나라에 쏘아 보내자 서쪽 나라에서도 (　　)이/가 든 포탄을 쏘아 보냈다. 그 후 두 나라에는 희귀한 꽃들이 가득 피어났다.

무지개
춘식이는 (　　)의 뒷동산에서 날마다 그림을 그리러 오던 흠 아저씨와 친하게 되었다. 국전이 끝난 후에도 아저씨가 오지 않자 아저씨를 찾아 (　　)로/으로 갔다가 교통사고를 당했다.

꿈을 찍는 사진관
'나'는 따사한 봄볕을 쬐러 갔다가 이상한 연분홍 (　　)에 이끌리어 꿈을 찍는 사진관에 갔다. 그곳에서 (　　)에 두고 온 순이를 만나게 되었고, 순이와 함께 사진까지 찍었다.

책·을·다·시·읽·는·아·이·들

영식이의 영식이

학교에서 자신의 (   ) 쓰기를 처음으로 익힌 영식이는 집에 돌아와 여기저기에 (   )을/를 썼다. 다음 날 자신이 박영식이라고 생각한 장독과 연통이 영식이네 (   )에 나타났다.

날아다니는 사람

쓸모 있는 것을 주머니에 넣고 다니며 만들기를 좋아하는 명구는 (   )이/가 되고 싶어 한다. 말자동차, 날아다니는 사람, 마음대로 먹는 (   )을/를 발명하는 것이 명구의 꿈이다.

골목 안 아이

버려진 아기 (   )을/를 데려다 기르던 아이는 고깃국 때문에 앞집으로 가버린 (   )을/를 데려오지 않았다. 그러나 (   )의 약에 쓰려고 잡았다는 소리에 울음을 터뜨렸다.

허수아비의 눈물

민호는 부모님과 친구들로부터 무관심의 대상이 되자 자신을 (   )로/으로 생각하게 되었다. 그래서 길가에 가서 (   )처럼 서 있다가 김 목사님의 도움을 받게 되었다.

청개구리 나라

'나'는 개구리 나라 (   )에서 슬픔에 빠져 있는 청개구리 식구도 만나고, 개구리 왕을 만나 (   ) 나라 이야기도 들려주었다. 그리고 개구리 합중국에 가서 그곳의 이야기도 들었다.

꿈을 찍는 사진관 | 37

1 〈대포와 꽃씨〉에서 동쪽 나라는 서쪽 나라에 꽃 뿌리가 든 포탄을 보내고 동쪽 나라는 서쪽 나라에 꽃씨가 든 포탄을 보냈는데, 그 이유는 무엇이었을까요?

🎈 동쪽 나라가 서쪽 나라에 꽃 뿌리가 든 포탄을 보낸 이유는

🎈 서쪽 나라가 꽃씨가 든 포탄을 동쪽 나라로 보낸 이유는

🎈 동쪽 나라 임금님은 자신의 나라가 서쪽 나라에 졌다고 생각하면서도 웃은 이유는

2 〈꿈을 찍는 사진관〉에서 '나'는 '순이'를 만나 사진까지 찍게 되었어요. '나'의 꿈속 과거와 현재 상황을 정리해 보세요.

꿈속 과거	헤어진 시기는
	헤어지게 된 이유는
	헤어질 때 '순이'의 모습은

사진 속 현재	사진 속 '순이'의 모습은
	사진 속 '나'의 모습은
	사진을 보며 우습기 짝이 없었던 이유는

3 〈무지개〉에서 춘식이가 서울 가는 버스에서 엇갈리는 생각을 하는 장면입니다. 춘식이의 갈등을 모두 나타내 보세요.

> '좀 더 기다려 볼 걸 그랬나?' 이런 생각이 떠오를 때마다 춘식이는
> '이제 흠 아저씨를 잊어버리자. 그림 그리는 것도 그만두자. 흠 아저씨는 날 잊어버린 지 벌써 오랠 텐데 뭐. 나만 아저씨를 생각하고 있는 건 바보 짓이야.' 하고 자신을 꾸짖었다. 그러나 생각은 꼬리를 물고 이어졌다.
> '그런데 내가 왜 서울로 갈까? 그냥 고아원에서 편안히 살면 될 것을……'
> '그렇지만 흠 아저씨가 왜 안 돌아오는지, 정말 날 아주 잊어버렸는지는 알아봐야겠어. 내게 있어서 아저씨는 아버지요, 형님이었다. 흠 아저씨를 잃는다는 건, 두 번 부모를 잃는 것과 같다.'
> 어느덧 버스는 한강 다리를 건너고 있었다. 서울에 도착한 것이다.

고아원에서 아저씨를 기다리는 것	↔	서울로 아저씨를 찾아 가는 것
	↔	
	↔	
	↔	

4 〈허수아비의 눈물〉에서 민호는 자신을 허수아비라고 생각하고 거리에서 허수아비 모습을 하고 서 있었어요. 민호가 왜 그랬는지 이유를 써 보세요.

5 〈청개구리 나라〉에는 '여행이란 쓰고도 달다.'라는 말이 나오는데, 이 말에는 어떤 의미가 담겨 있을까요?

1 <대포와 꽃씨>에 나오는 동쪽 나라의 이야기와 같이 여러분이 먼저 손을 내밀어서 좋은 사이가 되었던 일, 또는 이와 반대 되었던 일을 떠올려 소개해 보세요.

2 <숲의 나라 멧새의 나라>에는 "버금이라는 자가 총칼을 가진 군대를 거느리고 들이닥쳤고, 이 나라 백성은 맨주먹으로 그들과 맞닥뜨렸다."는 이야기가 나옵니다. 백성을 총칼로 위협하는 사람이 있을 경우에 가만히 있는 것이 좋을까요? 아니면 그들처럼 맨주먹으로 싸우는 것이 좋을까요?

가만히 있어야 한다.	맞서 싸워야 한다.

3 <허수아비의 눈물>에서 친구들과 부모님의 관심을 받지 못하여 마음에 상처를 입은 민호가 여러분의 편지를 기다리고 있대요. 민호를 위한 마음의 편지를 써 보세요.

다음 글을 읽고 물음에 답하시오. (1~2)

사진이란 다만 추억의 그 어느 한 순간이요, 그 전부는 아닙니다. 정말 아름다운 추억은 사진첩 속에서는 찾아보기 어려운 것입니다. 그나마 그것도 우리는 전쟁으로 인하여 거의 잃어버리고 말았습니다.

그러나 다행히 우리에겐 꿈이란 게 있습니다. 이미 저 세상에 가 버리고 없는 그리운 얼굴들도 꿈에서는 서로 만날 수 있습니다. 남북으로 갈리어 서로 만나지 못하는 사이라도 쉽게 만날 수 있습니다. 꿈길엔 삼팔선이 없습니다.

정말 꿈을 꿀 수 있는 것은 얼마나 행복한 일입니까?

그러나 꿈은 사람의 마음대로 꿀 수 있는 것이 아닙니다. 아무리 그립고 보고 싶은 얼굴이 있어, 꿈에 보려고 애를 써도 뜻대로 잘 안 되는 수가 많습니다. 그러다 어떻게 잠깐 꿈을 꾸게 된다 해도, 깨고 나면 한층 더 안타까울 뿐입니다.

여기에 생각을 둔 나는 꿈을 찍는 사진기를 하나 발명했습니다. 이는 결코 거리의 사진사들처럼 장사를 하기 위해서가 아닙니다.

내게는 애타게 보고 싶은 그리운 아기가 있습니다. 나는 그 아기의 사진까지 송두리째 잃어버렸습니다. 내가 이 사진기를 만들게 된 계기가 그 때문인지도 모릅니다.

본문 97~98쪽에서

1 윗글의 제목으로 알맞은 것은?

① 꿈을 찍는 방법
② 꿈을 찍는 사진기의 특징
③ 꿈을 찍는 사진기를 발명한 이유
④ 사진과 꿈 그리고 현실의 차이점
⑤ 애타게 그리운 아기의 사진을 갖고 싶어 하는 마음

2 윗글을 읽고 토의 주제를 정하려고 할 때 가장 거리가 <u>먼</u> 것은?

① 꿈은 삶에서 어떤 역할을 할까?
② 삶에서 추억의 사진은 왜 필요할까?
③ 전쟁은 사람들의 삶에 어떤 영향을 줄까?
④ 꿈을 깨고 나서 사람들은 왜 현실과 비교할까?
⑤ 그립고 보고 싶은 사람을 추억하는 방법에는 어떤 것이 있을까?

아·이·들·을·위·한·P·S·A·T·와·L·E·E·T

다음 글을 읽고 물음에 답하시오. (3~4)

명구는 그렇지 않아도 금순이의 행동이 이상했는데 금순이 어머니가 도둑질을 해다 먹니 하는 소리를 듣고서는,
'옳지, 무슨 맛난 음식을 먹다가 내 몫까지 없으니까 감췄구나.' 하고 얼른 상 아래로 쏘아보았으나 벌써 어느 틈엔지 금순이가 치마폭으로 감싸고 있어 무엇인지 알 수가 없었습니다.
'치마폭에 숨어 있는 그릇 속에는 대체 무엇이 들어 있을까? 떡일까? 국수일까? 아니면 청포묵? 그것도 저것도 아니면 식혜일까?'
명구는 한참이나 이것저것을 생각하다가 야속한 생각이 들어 슬그머니 일어났습니다.
'오, 어디 금순이 너 그래 봐라. 맛있는 것이라고 감춰 버리고……. 우리도 이제 맛있는 음식 있으면 안 줄 거야.'
명구는 야속한 마음에 이런 생각까지 하면서, 다시 밥상 위를 한 번 휘둘러보다가 언뜻 스쳐가는 생각이 있었습니다.
'옳아, 죽을 먹었구나.'
상 위 여기저기에 죽물이 붙어 있는 것을 본 것입니다. 그뿐만 아니라 금순 어머니의 눈에는 눈물 흔적이 있었습니다.

본문 124~125쪽에서

3 명구의 성격을 적절하게 표현한 것은?

① 미리 생각을 결정하는 성급한 아이 같아.
② 무엇이든 열심히 만드는 호기심 많은 아이야.
③ 자신과 남을 견주어서 생각하는 시샘이 많은 아이야.
④ 이런 경우 저런 경우를 다 살펴보는 생각이 깊은 아이야.
⑤ 남의 입장을 먼저 생각하는 걸 보면 이해심이 많은 것 같아.

4 윗글의 금순이의 행동과 같은 경우를 고르면?

① 재석이는 엄마가 방에 들어오시자 얼른 컴퓨터를 껐어요.
② 민기는 송이에게 다가가면서 슬그머니 선물을 뒤춤에 감추었어요.
③ 민정이는 친구들이 자꾸 캐묻자 슬쩍 발뺌을 하면서 모른다고 했어요.
④ 명지는 경수에게 쓴 편지를 경수의 가방에다 아무도 모르게 살짝 넣었어요.
⑤ 선영이는 아빠가 실직했다는 것을 친구들이 알까 봐 아빠 이야기를 숨겼어요.

꿈을 찍는 사진관 | 43

존 아저씨의 꿈의 목록

존 고다드 글 | 임경현 옮김 | 이종옥 그림
글담어린이

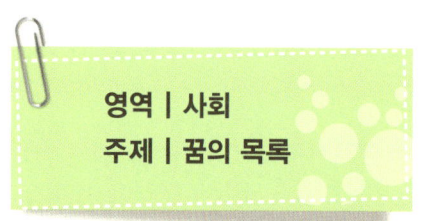

영역 | 사회
주제 | 꿈의 목록

1. 꿈을 이루는 과정에 대해 알 수 있다.
2. 꿈을 이루는 데 중요한 것이 무엇인지 생각해 볼 수 있다.
2. 자신의 꿈을 찾아보고 어떻게 이루어 나갈 것인지 생각해 볼 수 있다.

줄거리

존 고다드는 열다섯 살 때 자신만의 '꿈의 목록'에 127개의 꿈을 적었다. 그중 111개를 이루었다. 그의 꿈은 플루트 배우기, 윗몸일으키기 200회 등 엉뚱해 보이기도 하는 작은 꿈들부터 나일 강 탐험, 킬리만자로 산 등반, 비행기 조종하기와 같이 이루기 어려운 꿈들까지 다양하다. 존 고다드는 그것들을 하나하나 실천해 가며 작은 꿈들이 모여 큰 꿈을 이루는 과정을 보여 준다.

도서 선정 이유

존 고다드 아저씨가 꿈을 이루어 가는 과정을 통해 어린이들은 직업과 관련된 꿈에서 벗어나 자유롭고 다양한 꿈을 꿀 수 있다. 또 꿈을 기록하는 것이 꿈을 이루는 데 어떤 의미를 지니는지 자연스럽게 배울 수 있다. 이 책은 꿈의 폭을 넓혀 주는 책, 꿈을 실현하게 도와주는 책이다.

우리는 '꿈' 하면 주로 직업과 관련된 것들을 생각합니다. 하지만 꿈의 종류는 수없이 많습니다. 책을 읽기 전에 꿈에 대해 생각해 보고, 존 아저씨가 탐험한 곳에 대해 알아봅시다.

1 여러분이 생각하는 꿈에 대한 정의는 무엇인가요?

꿈이란 (　　　　　　　　　)이다.

2 꿈을 이루기 위해 가장 필요한 것은 무엇이라고 생각하나요?

3 존 아저씨가 탐험한 나일 강에 대해 알아봅시다.

(1) 나일 강은 어느 대륙에 있나요?

(2) 나일 강의 발원지는 (　　　　) 호수이며, 끝나는 곳은 (　　　　) 해이다.

(3) 나일 강 하류에 있는 나라, 이집트에서 가장 유명한 유적은 무엇인가요?

4 콜로라도 강은 어느 나라에 있나요? 콜로라도 강은 세계 자연 유산으로 등록된 '이것'으로도 유명합니다. '이것'은 무엇인가요?

나라

세계 자연 유산

책을 다 읽은 아이들

1 어린 시절 존 아저씨는 여름방학이면 삼촌들의 목장에서 목부로 일을 했습니다. 목장 생활을 통해 얻은 것은 무엇인가요?

_____

2 존 아저씨는 커다란 전복을 따려고 하다 전복 껍데기에 물려 익사할 뻔했습니다. 존 아저씨는 어떻게 빠져나왔으며 그가 이 경험을 통해 깨달은 점은 무엇인가요?

- 빠져나온 방법 _____

- 깨달은 점 _____

3 나일 강 탐험 나일 강은 6,690km로 세계에서 가장 긴 강입니다. 나일 강을 존 아저씨와 함께 탐험한 사람들은 누구이며 각자 맡은 역할은 무엇인가요?

사람	맡은 역할

4 존 아저씨는 탐험 초기에 많은 하마를 만나 위험에 빠지기도 했습니다. 이 위험을 벗어나기 위해 어떻게 했나요?

_____

5 존 아저씨는 수단의 사막에서 방향 감각을 잃고 강으로 가는 길을 찾을 수 없었어요. 목숨을 잃을 수도 있는 상황에서 그는 어떻게 강으로 돌아왔나요?

6 존 아저씨가 10개월간의 나일 강 탐험을 통해 '꿈의 목록'중 반 이상을 이룬 것 같은 기분이 든 것은 무엇 때문인가요?

7 콜로라도 강 대탐험 존 아저씨는 그랜드캐니언의 대협곡인 콜로라도 강을 탐험하며 다큐멘터리 영화를 제작하기로 합니다. 그것을 위해서 준비한 것은 무엇인가요?

8 콜로라도 강을 탐험하던 중 동료들이 방울뱀을 만나 놀랐을 때 존 아저씨는 방울뱀을 죽이지 않고 진정시킵니다. 그 일을 통해 얻은 교훈은 무엇인가요?

책을 깊게 읽는 아이들

1 '계속해서 꿈을 꾸는 것이 중요하다.'고 말한 이유는 무엇일까요?

2 존 아저씨는 꿈을 가지기 위해 꼭 필요한 것은 책 읽기라고 했습니다. 책을 많이 읽으면 꿈을 이루는 데 좋은 점은 무엇일까요?

3 존 아저씨는 꿈을 이루기 위해서는 끈기, 열정, 건강, 사람, 공부, 돈이 필요하다고 했습니다. 이 중에서 꿈을 이루기 위해 중요하다고 생각하는 것 세 가지를 골라 보고 이유도 말해 보세요.

중요한 것	이유

4 존 아저씨는 암초가 있는 급류를 타기 전에 안전하게 물살을 타고 내려가는 자신을 상상해 본 후 무사히 급류를 빠져나올 수 있었습니다. 그는 이 일을 통해 무엇을 배울 수 있었나요?

5 존 아저씨가 다음에 한 말을 읽고 어떤 의미인지 써 보세요.

> "사람들은 대부분 자신이 보고 싶은 것들을 머릿속으로만 그리워하다가 생을 마감한단다. 그러나 난 실천에 옮겼어. 보고 싶은 것이 있다면 발걸음을 떼야 한단다. 가만히 기다린다고 해결되는 것은 아무것도 없지."

6 아저씨의 꿈의 목록에서 가장 기억에 남는 것은 어떤 것인가요? 그리고 그 이유는 무엇인가요?

기억에 남는 꿈	
이유	

1 다음 글은 중학생 시절 불량소녀로 불리던 한 소녀가 자신의 꿈을 이루어가는 내용입니다. 이 글을 읽고 존 아저씨와 김수영씨의 공통점과 차이점을 찾아보세요.

> "꿈은 방황과 세상에 대한 증오로 가득했던 내 인생을 바꿔 놓았다."

김수영 씨는 중학교 시절 어려운 가정 형편에 3번의 가출, 중학 중퇴를 거쳐 정보고등학교에 진학한 후에서야 공부를 시작했다. 대학 등록금이 없어서 걱정하던 중 기적처럼 〈도전! 골든벨〉에서 우승하여 학비 걱정 없이 대학 생활을 했다.

그녀가 구체적으로 꿈의 리스트를 작성하게 된 계기는 골드만삭스라는 투자 회사에 입사한 후 25세에 암 선고를 받고 죽음에 대해 생각하면서였다. 73개의 꿈 리스트에는 사후에 장기 기증이라는 꿈도 들어 있다. 현재 뮤지컬 배우 되기, 벨리댄스 공연, 라틴아메리카 여행, 부모님 집 지어 드리기 등 36개의 꿈을 이뤘거나 이뤄 가고 있다. 최근에는 1억 원을 지원하는 '조니 워커 킵 워킹 펀드' 공모에 당선되어 런던에서 한국까지 1년간 매일 한 사람씩 그들의 꿈을 인터뷰하는 프로젝트에 도전한다.

그녀가 꿈을 목숨처럼 생각하는 이유는 꿈이 그녀의 인생을 변화시켰기 때문이다.

공통점

차이점

2 자신이 바라는 꿈을 모두 이룬다면 예전과 어떤 것들이 달라질까요?

꿈이 이루어지기 전의 나의 모습

꿈이 이루어진 후의 나의 모습

책·을·내·것·으·로·만·드·는·아·이·들

3 존 아저씨처럼 나만의 '꿈의 목록'을 만들어 볼까요? 그리고 그 꿈을 이루기 위해서 필요한 것을 써 보세요.

( )의 꿈의 목록

	이루고 싶은 꿈의 목록	필요한 것
꼭 하고 싶은 일들		
만나고 싶은 사람들		
여행 하고 싶은 곳		
아주 사소한 꿈들		

존 아저씨의 꿈의 목록 | 51

1 밑줄 친 내용과 관계 없는 것은?

소설가 앙드레 말로는 꿈에 관해 다음과 같이 말했단다.
"오랫동안 꿈을 간직한 사람은 마침내 그 꿈을 닮아 간다."
어떤 사람은 어른이 되어서도 자신의 꿈이 뭔지 헛갈려 한단다. 어렸을 땐 다양한 꿈을 꾸고, 그 꿈을 이룬 자신에 대해 상상해 보는 것이 그 무엇보다 가슴 두근거리는 일이겠지. 하지만 다 큰 어른이 되어서도 이룬 꿈은 하나 없이 날마다 하고 싶은 게 바뀐다면 그 사람은 아마도 꿈을 이루려는 진지함과 노력이 부족한 사람일 거야. 또는 꿈을 너무 거창하게만 생각하는 사람일지도 몰라.

본문 55쪽에서

① 이루고 싶은 꿈을 위해 노력하고 준비하다 보면 그 꿈을 이룰 수 있다.
② 마음속에 있는 '꿈의 목록'을 적어 놓고 그 결심을 계속 유지해야 한다.
③ 꿈을 향해 노력하고 땀 흘리는 시간을 통해서 꿈에 더 가까이 갈 수 있다.
④ 꿈을 위해 노력하는 과정에서 겪게 되는 시행착오는 필요 없다고 생각해야 한다.
⑤ 꿈을 이루기 위해서는 새로운 것에 대한 호기심과 배우는 것을 포기하지 않아야 한다.

아·이·들·을·위·한·P·S·A·T·와·L·E·E·T

2 바소가 부족이 배를 팔지 않은 이유로 적절한 것은?

> 바소가 부족은 물을 사랑하는 긍지 높은 부족이었는데 아프리카에서 가장 유능한 뱃사람이기도 해. 강둑 위에서 몇 명의 건장한 바소가 사람들이 허리에만 천을 두른 채 정글의 나무를 통째로 솜씨 좋게 깎아서 '피로크'라 부르는 배를 만드느라 바쁘게 움직이고 있더구나. 그 배는 선명한 초록색과 빨간색으로 칠해져 있었고, 매우 날렵하게 생긴 기다란 배였어.
>
> 다른 남자들은 땅바닥에 앉아서 실을 꼬아 만든 고기잡이 그물을 손질하고 있었지. 우리는 코푸를 앞세워 그들에게 다가가 배를 사겠다고 말했단다. 거의 쉴 새 없이 일하던 어부들은 배를 사겠다는 우리의 제의를 정중하지만 단호하게 거절했어. 말을 거는 어부마다 똑같은 대답을 해왔지. 바소가 남자들은 가족 다음으로 배를 가장 소중하고 명예로운 재산으로 생각하기 때문에 팔지 않으려고 했던 거란다.
>
> 본문 118~119쪽에서

① 소중하고 명예로운 재산은 팔 수 없다.
② 배를 다시 만들려면 힘이 너무 많이 든다.
③ 배를 가족보다 더 사랑하고 소중하게 여긴다.
④ 힘들게 만든 것이라면 그에 상응하는 돈을 주어야 한다.
⑤ 정성을 많이 들인 것을 남에게 파는 것은 정성에 대한 배신이다.

존 아저씨의 꿈의 목록 | 53

마사코의 질문

손연자 글 | 김재홍 그림 | 푸른책들

영역 | 문학 언어(역사동화)
주제 | 일제강점기 우리 민족의 삶

1. 일제강점기에 겪었던 우리 민족의 고난을 알 수 있다.
2. 올바른 역사의식과 민족 정체성의 소중함을 알 수 있다.

줄거리

〈마사코의 질문〉은 일본인 소녀 마사코가 할머니에게 일본의 죄를 묻는 내용과 일제강점기 동안 우리 민족이 겪었던 조선어 금지, 관동대지진, 민족 정체성, 생체 실험, 정신대 문제 등의 고난과 아픔이 9편의 동화로 그려져 있다.

도서 선정 이유

일제강점기는 우리 민족이 아픔과 고통을 겪은 치욕스런 시기이다. 그러나 그 시기를 우리 아이들이 정확하게 이해하여 올바른 역사의식과 민족의 정체성을 가짐으로써 더 밝은 미래를 준비할 수 있다.

🔍 다음은 일제강점기에 있었던 사건들입니다. [보기]를 보고 □ 안에 알맞은 사건의 이름을 써 보세요.

> **보기**
> 관동 대지진 (1923년 9월)   조선 교육령 개정 (1938년 3월)
> 국민 징용령 (1939년 7월)   창씨개명 (1940년 2월)
> 징병제 (1943년 8월)   여자 정신대 근로령 (1944년 8월)
> 원자 폭탄 (1945년 8월)

1 _____ 공포로 보통학교, 고등보통학교, 여자고보 등의 명칭이 일본 학교와 똑같이 소학교, 중학교, 고등여학교로 바뀌게 되었다. 그리고 조선어는 정규 과목에서 빠져 조선어 교육이 실질적으로 금지되었다.

2 일제는 우리 민족 고유의 문화와 전통을 없애기 위하여 _____ 을/를 강요했다. 이것은 우리나라 사람의 성과 이름을 일본식 성과 이름으로 고치게 한 것이었다.

3 _____ 을/를 공포하여 12세에서 40세에 이르는 미혼 여성을 군수 공장으로 동원하거나 종군 위안부로 끌고 갔다. 이때 피해를 입은 사람의 숫자가 정확히 파악되지 않았으나 약 20만 명에 이르며, 현재까지 사과와 보상조차 이루어지지 않고 있다.

4 도쿄와 관동 지방 일대가 진도 7.9의 초대형의 _____ 이/가 발생했다. 그러자 일제는 계엄령을 선포하고 조선인들이 음모를 꾸민다는 터무니없는 유언비어를 퍼뜨리고 일본인으로 구성된 자경단을 조직해서 조선인들을 무자비하게 학살했다.

5 총독부는 조선인을 전쟁에 동원하기 위하여 _____ 을/를 실시했다. 이에 따라 수많은 조선인들이 일본 각지의 탄광, 수력 발전, 철도, 도로, 군수 공장 등으로 끌려갔다.

6 일본에 _____ 이 투하되자 일왕은 항복을 선언했다. 이로써 반세기에 걸친 일제 침략은 막을 내리고 우리나라는 1945년 8월 15일 광복을 맞게 되었다.

1 〈꽃잎으로 쓴 글자〉 매를 맞고 돌아온 승우에게 아버지는 나라와 민족의 뿌리에 대하여 마음에 새겨 두라고 했습니다. 승우 아버지가 말한 나라와 민족의 뿌리는 무엇이었나요?

2 승우 엄마의 손엔 복사꽃잎이 소복이 담긴 백자 보시기가 들려 있었습니다. 승우 엄마는 복사꽃잎으로 무엇을 하였나요?

3 〈방구 아저씨〉 봉구 아저씨가 방구 아저씨로 불리게 된 이유는 무엇인가요?

4 이또오 순사가 새벽같이 방구 아저씨를 찾아온 이유는 무엇인가요? 이때 방구 아저씨는 어떻게 행동하나요?

　방구 아저씨를 찾아온 이유

　방구 아저씨의 행동

5 〈꽃을 먹는 아이들〉 겐지는 여자아이를 위해 빈 병이 있을 때마다 닦아서 쓰레기통 옆에 내놓았습니다. 그러자 여자아이는 겐지에게 무엇을 선물했나요?

6 엄마의 심부름을 위하여 가게에 갔던 겐지에게 무슨 일이 일어났나요? 그 후 겐지는 어떻게 되었나요?

　일어난 일

　겐지는 어떻게 되었나?

7 〈잎새에 이는 바람〉 감옥의 독방에 갇혀 고향의 별빛을 떠올리면서 '… 별 하나에 추억과 / 별 하나에 사랑과 / 별 하나에 쓸쓸함과 / 별 하나에 동경과 / 별 하나에 시와 / 별 하나에 어머니, 어머니. / 어머님, 나는 별 하나에 아름다운 말 / 한 마디씩 불러 봅니다.…'하고 시를 지은 시인은 누구인가요? 그리고 시인은 무슨 죄로 이곳에 끌려오게 되었나요?

시인 이름 _____

지은 죄

8 후쿠오카 형무소에 억울하게 잡혀온 시인과 죄수들은 알 수 없는 주사를 맞고 죽어 갔습니다. 그들은 무슨 일을 당하고 있었나요?

9 〈마사코의 질문〉 마사코와 할머니가 아침 일찍 히로시마행 기차를 탔습니다. 두 사람이 히로시마로 간 이유는 무엇인가요?

10 마사코는 할머니에게 계속 같은 질문을 하지만 할머니는 대답하지 못합니다. 마사코가 했던 질문은 무엇이었나요?

1 〈꽃잎으로 쓴 글자〉 '위반'이라 쓰인 나무패는 교실 여기저기를 돌고 돌았고, 그 때마다 승우네 반 아이들은 원망하는 마음이 들었습니다. 그 이유는 무엇일까요?

2 엄마는 매를 맞고 돌아온 승우의 머릿결을 가다듬어 주면서 이다음에 어른이 되거든 시인이 되라고 말씀해 주었습니다. 그 이유는 무엇일까요?

3 승우는 팔각 소반에 꽃잎으로 쓴 글자를 보면서 가슴이 울렁거렸습니다. 그리고 소반 앞에 무릎을 꿇었습니다. 지금 승우는 무슨 생각을 하고 있을까요?

4 〈방구 아저씨〉 방구 아저씨는 희철이에게 "그래도…… 좋은 세상은 …… 꼭 온다. 봐라, 밖은 지금…… 캄캄한 밤이다. 허지만…… 한잠 자고 나면…… 아침이 와 있지 않던." 이라고 말했어요. 밑줄 친 '좋은 세상'은 어떤 세상인가요?

5 죽은 방구 아저씨는 거적때기에 두르르 말려 가족들 옆으로 묻히러 갔어요. 그 뒤를 따르던 아이들 생각을 말주머니에 넣어 주세요.

6 〈잎새에 이는 바람〉 시인은 자신이 엮은 투망을 되풀어 버립니다. 왜 그랬을까요?

7 "아, 자유!" 하며 목이 메어 말끝을 떠는 시인에게 아이가 '자유의 용사 번개돌이' 스티커를 주자, 시인은 "얘야, 이 자유는 네가 가지고 있어라. 그리고 절대로 잃어버리지 말아라. 절대로!" 당부하면서 돌려주었어요. 시인 아저씨가 그렇게 한 이유는 무엇인가요?

8 〈마사코의 질문〉 마사코는 '평화 기념 공원'의 돌로 된 제단에 전국 학생들이 접어 놓은 많은 종이학을 보았어요. 이 종이학에는 학생들의 어떤 마음이 담겨 있을까요?

9 마사코는 두 손을 모으고 "편안히 주무세요. 다시는 실수하지 않겠습니다."라고 기도했습니다. 비석에 쓰여 있던 이 말은 역사적 사실에 비추어 보았을 때 무엇을 의미하나요?

1 우리의 이웃인 일본과 중국은 우리나라의 역사를 왜곡하고 있어요. 우리가 어떻게 해야 할지 다음의 물음에 답해 보세요.

① 여러분이 알고 있는 일본과 중국의 역사 왜곡에는 어떤 것들이 있나요?

② 일본과 중국은 왜 역사 왜곡을 할까요?

③ 우리들은 이런 역사 왜곡 문제에 어떻게 대처해야 할까요?

2 중국 교과서에 '석굴암이 일본 불상'이라고 잘못 표기되어 있는 것을 중국 유학중이던 한국 초등학생이 바로잡은 일이 있었습니다. 우리가 역사를 공부해야 하는 이유는 무엇일까요?

3 〈마사코의 질문〉에서 마사코는 할머니에게 왜 미국이 일본에 원자폭탄을 떨어뜨렸는지 자꾸만 물어보지만, 할머니는 대답을 못하고 있어요. 여러분이 마사코의 할머니가 되어 마사코에게 진실을 얘기해 주세요.

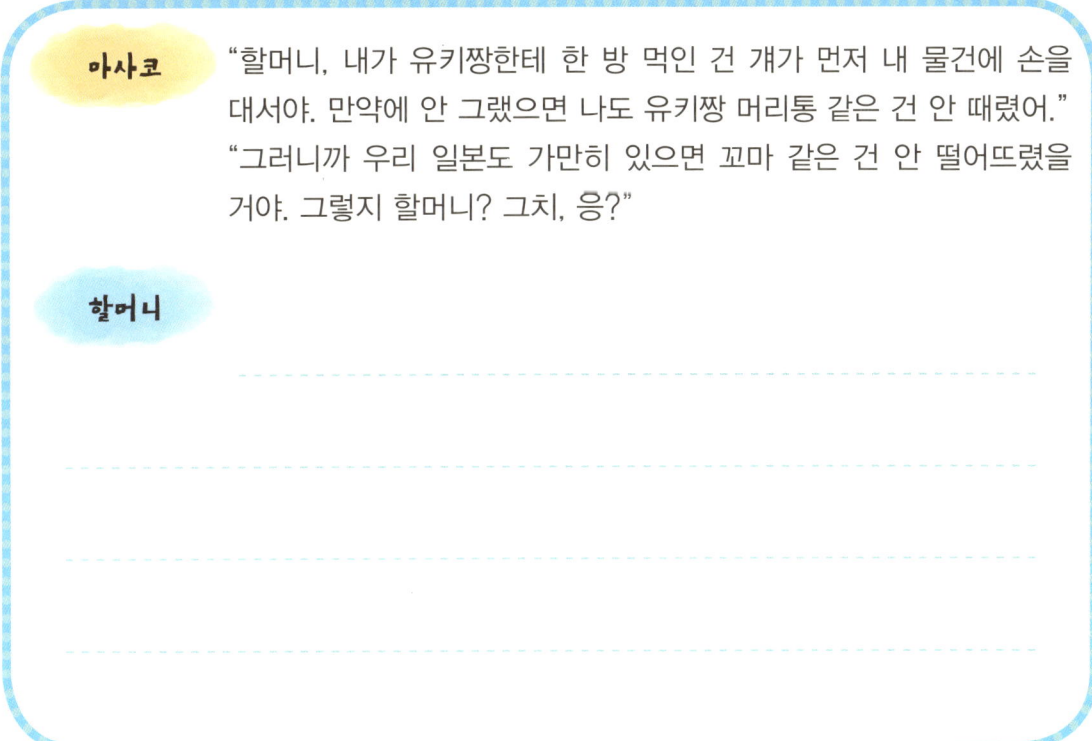

1 아래 사건의 시간적 배경과 공간적 배경이 바르게 연결된 것은?

> 안골 마을에 목수인 김봉구 아저씨는 방귀쟁이이다. 그래서 방구 아저씨라고 불리운다. 그런 방구 아저씨가 돌아가셨다. 봄비가 부슬부슬 처량맞게 내리던 날이었다. 이날은 방구 아저씨의 귀빠진 날이기도 했다. 그리고 일본이 그 짧은 다리로 덜컥 하와이 진주만을 기습해서 태평양 전쟁을 일으킨 지 일 년 넉 달하고 스무하루가 된 날이었다.
>
> — 본문 27쪽에서

	시간적 배경	공간적 배경
①	태평양 전쟁	하와이
②	방구 아저씨가 죽은 날	태평양
③	방구 아저씨의 귀빠진 날	일본
④	봄비 내리던 날	방구 아저씨네 집
⑤	태평양 전쟁을 일으킨 지 일 년 넉 달하고 스무하루	안골 마을

2 아래 글의 중심 내용으로 맞는 것은?

> 조무래기 애들은 봉구 아저씨를 졸졸 따라다니면서 아저씨, 나 방구 나팔 한 번만! 조르기도 합니다. 아저씬 오냐, 알았다, 넙죽 업고는 논두렁 밭두렁 뛰어다니며 뿡! 뿡! 장단 맞춰 쏘아 줍니다. 이래서 봉구 아저씨는 방구 아저씨가 되었습니다.
> 방구 아저씨는 꽃상여를 넣어 두는 곳집 근처에서 혼자 삽니다. 돌림병에 식구들을 몽땅 잃은 지 십수 년이 지났지만 통 장가 갈 생각을 안 합니다.
> "아, 이댐에 죽으면 제사 지내 줄 아들 하나는 건져야 허잖어?"
> 이웃들이 걱정을 해도 소웃음만 웃습니다.
> 방구 아저씨는 마른버짐 허옇게 솟은 안골 아이들을 자식처럼 보살핍니다. 공출로 농사지은 것 다 빼앗기고 끼니를 거르는가 싶으면 시래기죽일망정 넌지시 불러다 먹이고, 나무를 하러 먼 데 산으로 가면 등에 꼭 맞는 지게도 만들어 줍니다.
> 오늘 밤도 방구 아저씨네 방은 놀러 온 아이들로 그득합니다. 곳집의 지붕만 보아도 간이 오그라들고 손금마다 조르륵 땀이 솟지만 아이들은 스무 걸음 전부터 눈 질끈 감고 숨도 안 쉬고 뛰어옵니다. 그때마다 방구 아저씨는 벌레 먹은 콩이라도 꿍쳐 두었다가 볶아 내곤 합니다.
>
> — 본문 29쪽에서

① 방구 아저씨는 자식이 많다.
② 방구 아저씨 직업은 꽃상여를 만드는 사람이다.
③ 방구 아저씨는 동네 사람들에게 콩이며 시래기죽을 주었다.
④ 방구 아저씨는 혼자 살고 있으며 안골 마을 아이들을 사랑한다.
⑤ 방구 아저씨는 자신이 죽으면 제사 지내 줄 사람을 찾고 있었다.

3 다음 대화에서 유키짱은 일본, 마사짱은 미국, 할머니는 객관적인 다른 나라라고 가정해 봅시다. 비유한 내용이 알맞지 <u>않은</u> 것은?

> "할머니, 내 짝꿍 유키짱은 말야, 순 엉터리야. 허락도 없이 자꾸 내 필통에 있는 걸 가져가거든. 몇 번이나 그랬는지 몰라."
> "버릇이 없는 애로구나."
> "어제는 내 지우개를 부러뜨렸어. 그러고는 글쎄 또 필통을 건드려서 떨어뜨리잖아."
> "저런, 연필도 부러지고 지우개도 책상 밑으로 도망갔겠네."
> "응, 그래도 난 참았어."
> "마사짱, 잘 했다. 역시 참는 게 제일이야."
> "그런데 할머니, ㉠ <u>내 다마고치가 신호를 보내니까 유키짱이 다짜고짜로 내 가방을 뒤져서 꺼내 갔어.</u>"
> "다마고치라니?"
> "장난감 기계, 달걀 시계라는 거 말야. 그 속에 있는 거 보살피고 키워주고 그러잖아."
> "오, 그래. 그것 때문에 아이들이 공부를 안 해서 걱정이라고 텔레비전에서 떠들더라만, 그래서?"
> "그러더니 말야, 유키짱이 내 대신 밥을 먹여 주고 똥을 치워 주고 그러지 뭐야. 아무리 달래도 모른 척했어. 그래서 ㉡ <u>내가 도로 빼앗아 가지고 그걸로 유키짱 머리통을 갈겨 주었어.</u> ㉢ <u>그랬더니 바보처럼 잉잉 울더라. 혹이 났다고 엄살을 부리면서. 뭐 내가 한 짓을 절대로 안 잊겠다나.</u> ㉣ <u>유키짱은 바보 얼간이야.</u>"
> "마사짱, 그런 말 하면 못 써. 그래도 ㉤ <u>친구하고는 사이좋게 지내야 해.</u>"
> "자꾸 내 물건에 손을 대고 얄밉게 구니까 화가 나서 그랬지 뭐." 📄 본문 194 ~ 195쪽에서

① ㉠ : 일본은 가만히 있는 미국의 진주만을 폭격했다.
② ㉡ : 미국은 일본의 히로시마에 "리틀 보이"라는 원자폭탄을 떨어뜨렸다.
③ ㉢ : 일본은 미국의 원자폭탄 투하를 잊지 않겠다고 다짐한다.
④ ㉣ : 일본은 스스로 반성하고 잘못을 뉘우쳤다.
⑤ ㉤ : 미국은 일본과 사이좋게 지내야 한다.

독서만이 가다가 중지해도 간 것만큼 이득이다.

| 로직아이 샘 〈빨강〉 - 4단계 | 로직아이 샘 〈파랑〉 - 6단계 | 로직아이 샘 〈노랑〉 - 6단계 | 로직아이 샘 〈초록〉 - 6단 |

  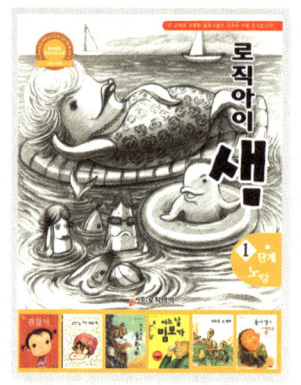 

김태옥 교수를 비롯하여 현직 초등학교 교사와 대학교 전공 교·강사, 독서지도사 전문강사, NIE강사, 논술지도 강사 그리고 방과후 학교 교사 등 150여 명의 집필 위원이 아이들에게 실제로 적용하면서 만든 국내 유일의 독서지도만을 위한 교재(YES24, 인터파크, 알라딘 등 인터넷 서점이나 교보문고에서 〈독서지도교재〉를 검색해 보세요.)
(글쓰기와 논술 그리고 토론은 교사를 잘못 만나면 가르치지 않는 것만 못하다. 그러나 독서지도는 엄마가 같이해도 좋고 선생님과 같이해도 좋다. 사랑을 같이한 시간만큼 이득이다.)

로직아이 리딩교육원은 여러분을 독서지도전문가의 길로 안내해 드립니다!

작가, 작품을 말하다! 코너에서는 김향이, 소중애, 원유순, 배유안, 이규희, 권영상, 한정기, 임정진, 손연자 선생님 등 동화작가들의 동영상 강의를 로그인만 하면 무료로 보고 들을 수 있습니다!

독서지도사 양성과정

14명의 국내 최고의 전문가들로 이루어진 독서지도사 양성과정
자격증 시험 실시

글쓰기 교재 〈쓰마〉 해제강의

유치원생과 초등학생을 지도 하시는 학부모와 선생님은 글쓰기 교재 〈쓰마〉 해제 강의를 들을 수 있습니다(편당 2,000원).

(03998) 서울시 마포구 잔다리로 120 (서교동 457-6) 303호
전화 : (02)747-1577 팩스 : (02)747-1599

학부모와 선생님을 위한 **독서논술**

길라잡이

〈로직아이 샘〉과 길라잡이 사용 방법

| 특징 |

1. 〈로직아이 샘〉 1권은 6권의 동화로 구성되어 있으며, 동화 1편은 표지 포함 10쪽으로 이루어져 있다.
2. 〈로직아이 샘〉은 독서지도사, 방과후 학교 교사, 글쓰기 논술 학원 교사 그리고 서술식 문제로 출제 평가하는 초등학교·중학교 교사에게 필요한 교재이다.
3. 동화 한 편의 워크북은 90분 수업에 적합하도록 구성했다.
4. 6권의 필독서이므로 한 달 반 또는 세 달 사이에 교재 한 권의 진도를 나갈 수 있다.
5. 한 권의 독서지도 교재에는 5개 영역(문학 언어, 인문 예술, 사회, 역사 인물, 과학 탐구)을 담되, 1권당 문학 언어 영역이 1/2이 넘도록 했다.

1학년은 1단계, 2학년은 2단계, 3학년은 3단계, 4학년은 4단계, 5학년은 5단계, 6학년은 6단계로 구분했지만, 아이들의 취향이나 선생님의 지도방법에 따라 선택 지도할 수 있다.

| 각 꼭지 별 내용 |

* 각 작품의 첫 쪽에는 책의 줄거리와 도서 선정 이유를 담고 있다.

'책을 펴는 아이들'은 읽기 전 활동에 해당한다.

'책을 다시 읽는 아이들'은 책을 다 읽은 후에, 책의 내용을 다시 한 번 점검하는 활동을 담고 있다.

'책을 깊게 읽는 아이들'은 주제를 심화시키는 활동에 해당한다.

'책을 내 것으로 만드는 아이들'은 독서 내용을 확장하는 활동 꼭지이다.

'아이들을 위한 PSAT와 LEET'는 논리적인 사고를 훈련하는 꼭지이다. PSAT(공직적성평가)와 LEET(법학적성평가) 형식의 문제 유형을 초등학생 버전으로 만든 것이다.

시애틀 추장

 책을 펴는 아이들(5쪽)

1. [예시답]
소유 : 갖는다는 뜻이기 때문에 반대말은 '무소유'가 될 수도 있고 '베풂'이나 '줌'이 될 수 있다. 그리고 그 누구도 가질 수 없는 것을 '존재하는 것'이라고 할 수도 있으니 '존재'가 될 수도 있다. 아이들이 어떤 말을 하든 이유를 들어 볼 필요가 있을 것이다.
위임 : 어떤 일을 다른 사람에게 맡긴다는 뜻이기 때문에 반대말은 자신이 직접 한다는 의미에서 '자임'이나 '책임'이 될 수 있다.
사랑 : 다른 사람을 아끼고 위하며 소중히 여기는 마음이나 매우 좋아하는 마음이기 때문에 반대말은 '미움'이나 '증오'가 될 것이지만 아무런 감정을 느끼지 않는 '무관심'도 반대말이 될 수 있다.
성스럽다 : '성스럽다'는 말은 평범한 경지를 넘어 거룩하며 고결하다는 뜻이므로 반대말은 '속되다' 또는 '상스럽다'가 될 것이다. 어려운 말로 '세속적이다'라고도 한다.

2. [예시답]
* 자연은 그 누구도 소유할 수 없다. 우리는 조상으로부터 자연을 보존해야 할 자격을 위임받아 후손을 위해 자연을 아껴야 한다. 자연은 사랑하는 마음을 가지고 쳐다만 보아도 성스럽게 느껴진다.
* 인간은 자연을 이용할 자격을 조상으로부터 위임받았을 뿐이므로 자연을 성스럽게 여겨야 하며, 소유하는 마음이 아니라 사랑하는 마음으로 대해야 할 것이다.

3. [예시답]
잘려 나간 나무를 보며 무분별한 개발을 자행하는 인간들을 원망하고 있을 것이다.
인간에 의해 파괴된 자연을 보며 지켜 주지 못한 것을 미안해하고 있을 것이다.

 책을 다시 읽는 아이들(6~7쪽)

1. [정답] | 백인들
2. [정답]
손바닥만큼 작은 땅을 내주고 거기에서만 살라고 하였다.
3. [정답]
인디언 연맹국으로부터 땅을 사들이기 위한 협상을 하러 왔다.
4. [정답] | 시애틀 추장
5. [정답] | 어머니, 아버지, 조상들, 할아버지, 할머니
6. [정답] | 우리 자신(사람들)

7. [정답]
인디언들의 생명을 파괴하는 것과 같다.
8. [정답]
아무런 꾸밈없이 인간을 설득하는 힘을 가지고 있어서. 환경의 중요성을 강조한 그의 말이 맞다는 것을 깨달았기 때문에.

책을 깊게 읽는 아이들(8~9쪽)

1. [예시답]
'네 조상의 조상들' 또는 '할머니의 할머니의 목소리'처럼 단어를 반복 사용하는 것은 '조상'과 '할머니'를 강조하려고 하는 것이다. 단지 '조상'이라고 하면 '먼 조상'이라는 의미가 약하고 단지 '할머니'라고 하면 오랜 세대를 거쳐 내려온 '할머니들'의 의미가 약하다. 그리하여 '조상의 조상들' 또는 '할머니의 할머니'처럼 단어를 반복 사용해서 사용함으로써 자신이 하려고 하는 말을 더욱 강조하고 돋보이게 하려는 의도를 가지고 있다.
[길라잡이]
우리는 '할아버지' 대신에 '아버지의 아버지' 또는 '고조부' 대신에 '할아버지의 할아버지'라는 말을 사용하여 윗사람들을 강조하거나 말의 어감을 부드럽게 하고자 할 때 단어들을 반복해서 사용한다. 어떤 연예인은 '연예인들의 연예인'이 될 수 있다. 이렇게 단어들을 반복해서 사용하면 말도 재미있고 자신이 하는 말을 강조할 수 있다.

2. [예시답]
이름을 짓는 방법 : 자연을 구성하는 것들로 짓는다.
그렇게 지은 이유 : 인디언들은 자신들이 자연의 일부라고 생각하기 때문에
[길라잡이]
인디언들의 이름이 사슴, 구름, 나무 등으로 지은 것으로 보아 자연에서 볼 수 있는 것으로 지었으며, 연설 내용 중 '우리는 이 땅의 일부이고 이 땅은 우리의 일부'라는 말에서 실제 인디언들이 자연의 일부라고 생각하기 때문에 자연을 이용하여 이름을 지었음을 알 수 있다. 아이들과 함께 인디언처럼 이름 짓는 놀이를 하면 자연과 함께하는 놀이가 될 수 있다. 인터넷에 '인디언 이름 짓기'를 검색하면 놀이 방법이 자세하게 나와 있다.

3. [예시답]
환경이 파괴되어 지구가 멸망할 수도 있으니 이제는 자연을 보호하라는 의미의 말이다.
[길라잡이]
더 많은 것을 가지려는 데만 몰두하여 모든 것을 잃을지도 모르는 상황에 와 있으며, 환경에 대한 의식이 뒤늦게 깨어나기 시작했다는 본문의 말로 미루어 보아 개발과 발전만을 중시하면 지구의 멸망을 가져올 수도 있으니 이제는 환경을 보호해야 한다는 의미를 갖고 있다.

책을 내 것으로 만드는 아이들(10~11쪽)

1. [예시답 1]
주장 : 나는 땅을 순순히 내어 주는 것에 찬성한다.
이유 : 많은 손해가 생길 수 있기 때문이다.
구체적 근거 : 발달된 무기를 가진 백인과 무리한 전쟁을 하여 지게 되면 많은 사람들이 생명을 잃을 수도 있으며, 그 과정에서 자연이 파괴될 수 있다.
[예시답 2]
주장 : 나는 땅을 순순히 내어 주는 것에 반대한다.
이유 : 명예가 중요하기 때문이다.
구체적 근거 : 백인에게 우리의 땅을 순순히 내어 주면 우리는 비겁한 사람이라는 오명을 쓰게 될 것이며 자신들만 생각하는 백인들을 돕는 것이나 다름없다.
[길라잡이]
주어진 문제에 대해 자신의 의견을 밝히는 문제이다. 찬성과 반대 어느 쪽을 선택해도 되지만, 주장에 대한 이유와 구체적 근거가 일관성이 있어야 한다. 이유는 구체적 근거를 포괄할 수 있는 한 문장으로 쓰도록 지도하며, 구체적 근거는 이유를 자세하게 설명하는 방향으로 쓰도록 지도한다.

2. [예시답]
1. 우리가 산이나 땅을 소유하면 그 권리는 전적으로 우리에게 있다. 물건을 소유한 사람은 그 물건을 버리거나 부수어 버릴 수도 있고 다른 것으로 바꿀 수도 있다. 다만 물건을 버릴 때 다른 사람에게 직접적인 피해를 주지 않아야 하므로 다른 사람에게 직접적인 피해를 주지 않는 범위에서 우리는 자신이 소유한 산이나 땅을 마음대로 할 수 있다.
2. 산이나 땅과 같은 자연물은 자신의 소유물인 장난감과 같을 수 없다. 산이나 땅은 더 이상 생산할 수 없는 자연물이다. 따라서 그것들을 소유한다는 것은 단지 그것을 잠시 사용할 수 있는 권리만 갖는다고 할 수 있다. 마음대로 한다는 것이 산의 나무를 무작정 다 베거나 땅을 자기 마음대로 파헤쳐 그 안에 쓰레기를 매립하는 것과 같은 일을 의미한다면 그것은 곤란하다. 자연물의 무분별한 훼손은 다른 사람들에게 피해를 주기 때문이다. 산이나 땅과 같은 자연물은 마음대로 할 수 없다.
[길라잡이]
주장하는 글이나 토론은 어떤 입장을 택하든 불이익이 없다. 자신의 생각을 기탄없이 말하거나 써서 다른 친구들과 의견을 교환하면 생각이 더 넓어질 것이다.

3. [예시답]

서론	지구가 심각한 환경 오염으로 몸살을 앓고 있어 지구의 안전에도 위협이 되고 있다. 이러한 사실은 환경 위기 시계가 지구의 종말을 가리키는 12시에 가까워졌다는 것을 통해서도 알 수 있다.
원인	이러한 환경 문제가 생긴 원인은 인간의 이기심 때문이다. 자신들의 이익 챙기기에 급급하여 무분별한 개발을 하고, 공장의 정화 시설을 제대로 설치하지 않는 곳이 많으며 편리한 생활만을 중시하여 환경 오염에 관심을 두지 않았기 때문이다.
해결 방안	더 이상의 환경 오염을 막기 위해서는 먼저, 국가에서는 법규를 강화해야 한다. 개발을 해야 할 경우에는 자연과 조화를 이룬 경우에만 승인을 하여 주고, 공장도 정화 시설을 갖추지 않으면 가동을 할 수 없게 하는 것이다. 다음으로 가정에서는 환경을 생각하는 생활습관을 가져야 한다. 샴푸나 세제는 양을 최소한으로 줄여서 사용하고, 여름철이나 겨울철에 냉·난방기의 가동도 줄여야 한다. 또한 가까운 거리는 걸어다니거나 대중교통을 이용하여 대기 오염을 줄일 수 있도록 노력해야 한다.
결론	우리가 산소가 없으면 숨을 쉴 수 없듯이 오염된 환경에서 제대로 된 생활을 할 수가 없다. 모든 사람이 환경의 중요성을 인식하고 환경 보호에 잎징설 수 있어야 한다. 지구를 내 집처럼 생각하면서 환경 보호를 실천한다면 우리의 후손에게 깨끗한 환경을 물려줄 수 있을 것이다.

[길라잡이]
문제 해결형 논술 문제이다. 문제 해결형 논술의 경우 서론(문제점)-원인-해결 방안-결론으로 구성되는 것을 알고 해결 방안을 가장 중점적으로 써야 한다. 중심 문장을 먼저 내세운 후에 보조 문장을 통해 중심 문장을 뒷받침하도록 구성한다. 물론 자기주장에 대해 근거를 쓴다면 칭찬을 더 해 주어야 한다.

아이들을 위한 PSAT와 LEET(12~13쪽)

1. [정답] | ③
[길라잡이]
추론 능력을 심화시키기 위한 문제이다. 연설 내용에서 우리는 자연과 하나이며, 자연을 소중히 해야 한다고 말하고 있으므로 ①, ②, ④, ⑤는 맞는 내용이다. 하지만 '비와 바람을 소유할 수 있는가?'라는 질문을 던진 후에 설명하는 내용들을 근거로 추론해 보면 비와 바람을 소유하는 것이 아니라 우리와 언제나 함께하는 것임을 알 수 있으므로 ③이 잘못된 내용이다.

2. [정답] | ②
[길라잡이]
추론 능력을 테스트하는 문제이다. 지문에서는 "세상만물은 서로 연결돼 있고", "우리는 그 그물 속에 들어 있는 하나의 그물코"라고 말하고 있다. 또한 "우리가 그물을 향해 무슨 일을 하든 그것은 우리가 우리 자신에게 하는 일"이라는 문장에서 '인간이 자연의 일부'라는 것을 알 수 있다. 따라서 ①은 인간을 보호하는 일이 곧 자연을 보호하는 일이라고 말하지 않고 자연을 보호하는 일이 곧 인간을 보호하는 일이라고 해야 맞는 말이 된다. 또한 이 말은 곧 ②의 "자연이 우리의 일부가 아니라 우리가 자연의 일부"라는 의미이기도 하다. 따라서 정답은 ②이다. ③의 "인간을 정복하거나 자연을 정복한다."라는 말은 지문과 관계가 없으므로 오답이며, ④의 "우리는 우리의 조상에게 부끄러운 후손이 되어서는 안 된다."는 말은 옳은 말이지만 자연과 관련된 내용이 없어서 정답이 아니다. ⑤는 인간이 자연의 일부라고 해서 인간이 하찮다는 것은 아니다. 자연이 소중하면 인간도 소중하다. 따라서 ⑤도 정답이 아니다.

3. [정답] | ④
[길라잡이]
논증을 분석하여 결론을 이끌어내는 능력을 알아보는 문제이다. (가)의 내용은 인간이 자연을 파괴하면 그 결과가 다시 인간에게 돌아갈 것임을 주장하고 있으며, 그림 (나)는 인간에 의해 파괴된 자연의 모습을 나타내고 있다. 따라서 (가)와 (나)를 분석하여 내릴 수 있는 결론은 ④이다. ①은 본문과는 관련이 적은 단순 예측이며, ②와 ⑤는 그림과 관련지어 예상할 수는 있지만 (가)의 내용과는 동떨어져 있다. ③은 (가)의 내용과 정반대의 의견이므로 오답이다.

소나기

책을 펴는 아이들(15쪽)

1. [정답]
   ① 악상 ② 잔망스럽다 ③ 증손녀 ④ 까무룩 ⑤ 아래대
   ⑥ 초시 ⑦ 움키다 ⑧ 적이 ⑨ 긋다 ⑩ 잠방이

2. [예시답]

내가 고른 낱말	짧은 글짓기
악상	그분은 아들이 죽는 악상을 당해 정신이 없다.
까무룩	철수는 뒷통수를 맞고 까무룩 정신을 잃었다.
긋다	비가 긋기를 기다렸다가 가려고 했으나 비는 그을 생각이 없었다.

[길라잡이]
낱말의 뜻과 어울리는 문장을 만든다. 만약 여러 개의 단어들을 골라 그것 전체가 들어간 문장을 만들라고 하면 다음과 같은 문장을 만들 수도 있을 것이다. "윤 초시는 증손녀가 죽는 악상을 겪고 적이 놀랐지만 까무룩 정신을 잃지 않으려고 지팡이를 움켜잡고 잠방이까지 오는 시냇물을 건너 아래대에 있는 아들 집으로 갔다."

책을 다시 읽는 아이들(16~17쪽)

1. [정답]
   소녀가 비키기를 기다리려고(비키라고 말할 용기가 없어서).

2. [정답] | 조약돌을 만지작거리는 버릇

3. [예시답]
   소년은 검게 탄 얼굴에 잠방이를 입고도 나무에 잘 오를 정도로 건강하고, 소녀는 분홍색 스웨터를 입고 팔과 목덜미가 하얗고 약해 보이는 얼굴이다.

4. [정답] | 얼른 소녀의 손바닥으로 눈을 떨구었다.

5. [정답] | 허수아비 줄을 잡고 흔들었고, 원두막에서 무를 뽑아 먹었다. 소년은 꽃을 한 옹큼 꺾어 와 소녀에게 건넸고 소녀가 비탈진 곳에서 미끄러져 생채기가 나 소년이 입술로 빨았다. 송아지도 타고 놀았고 소나기를 만나 수숫단 속에 들어가 비가 긋기를 기다렸고 도랑을 건널 때 소년이 소녀를 업어 주었다. (이 중에 몇 개만 이야기해도 충분하다.)

6. [정답] | 원두막에서 무명 겹저고리를 벗어 어깨를 감싸 주었다. 수숫단으로 따뜻한 공간을 만들어 주었다. 소녀를 업고 도랑을 건넜다.

7. [정답]
   소녀를 등에 업고 도랑을 건널 때 소년의 등에서 물이 옮아서.

8. [정답] | 호두알

9. [정답]
   자기가 죽거든 자기 입은 옷을 꼭 그대로 입혀서 묻어 달라고 했다.

책을 깊게 읽는 아이들(18~19쪽)

1. [예시답]
   개울둑을 지나가면서 말도 못 붙이는 바보, 용기가 없는 놈, 말이라도 하면 친하게 지낼 수 있는데…….

   [길라잡이]
   소녀가 "이 바보."라고 말하면서 조약돌을 던진 이유는 소년이 싫어서는 아닐 것이다. 소년이 진짜 바보라고 생각해서 돌을 던진 것도 아닐 것이다. 자신이 심심하게 개울둑에 혼자 있다면, 자신에게 말이라도 건네면 좋을 텐데 말도 붙일 만한 용기가 없다는 것을 비난하는 말이다. 결국 이로 인해 소녀가 먼저 말을 한 셈이 되었고 나중에 자연스럽게 말을 하게 된 계기였다고 할 수 있다.

2. [예시답]
   소년의 마음 : 매우 안타깝고 서럽다(속상하다).
   그렇게 생각한 이유 : 지금 자기가 씹고 있는 대추알의 단맛을 모를 정도로 소녀와 헤어지는 것이 싫기 때문이다.

3. [예시답]
   소녀가 없어서 신경쓰일 것이 없다고 생각했지만 이내 소녀가 보고 싶은 마음이 들었다. 개울가에 있어야 할 사람이 없으니 걱정도 되고 보고 싶은 마음이 생겼다는 뜻이다.

   [길라잡이]
   있어야 할 사람이 없거나 만나고 싶은 사람을 만나지 못하면 허전함을 느낄 수 있다. 집에 들어갔는데 엄마를 비롯하여 아무도 없거나 주머니에 있어야 할 것이 없어도 허전함을 느낄 수 있는데 허전함의 이유를 잘 모를 때 '어딘가 허전하다'고 이야기한다.

4. [예시답]
   소녀의 마음 : 나에게 잘해 주어서 고마웠어, 너를 잊지 못할 거야, 넌 참 좋은 아이야, 너와 함께했던 추억을 영원히 간직할게, 등.
   소년의 마음 : 너와 함께 한 시간이 참 행복했어, 그동안 말은 못했지만 난 네가 참 좋았어, 죽기 전에 한 번이라도 더 만나 보았으면 좋았을걸, 등.

[길라잡이]
학생들은 자신의 생각을 자유롭게 할 수 있지만 작품에 등장하는 소년과 소녀의 입장에서 생각할 필요가 있다.

책을 내 것으로 만드는 아이들(20~21쪽)

1. [예시답]
   1) 이야기에서 소나기가 중요한 사건으로 나와서.
   2) 소녀가 소년에게 갑자기 나타났다가 소년의 마음을 아프게 하고 사라진 것이 소나기와 같아서.

2. [예시답]
   무를 뽑아 먹어야 한다. : 왜냐하면 소녀가 무를 먹고 싶어 하고, 농촌에서는 무 하나 정도는 주인의 허락 없이 먹어도 큰 문제가 되지 않을 것이기 때문이다. 예전에는 농촌의 인심이 나쁘지 않았고, 만약 주인의 허락 없이 먹은 것이 마음에 걸린다면 그 집 주인을 위해 간단한 일을 해 주면 될 것이다.

   무를 뽑지 않아야 한다. : 소소한 물건이라도 다른 사람의 물건을 주인의 허락 없이 가져간다는 것은 나쁜 일이다. 아무리 예전이라고 해도 무단으로 다른 사람의 밭에 들어가서 무를 뽑는 행위는 옳지 않기 때문에 주인이 오기를 기다렸다가 무를 뽑아 먹는 것이 옳다고 할 수 있다.

   [길라잡이]
   토론을 할 때에는 어느 쪽 주장을 선택하든 전혀 문제가 없다. 다만 그 근거가 적절한지만 생각하면 된다. 학생들은 자기주장만 반복하거나 강요할 수 있는데, 토론을 하다가 입장을 바꾸어 토론을 한다면 새로운 시각이 생길 수 있다.

3. [예시답]
   마음에 드는 이성(異性) 친구를 만났다면 자연스럽게 친해지는 것이 좋을 것이다. 학교에서라면 그 아이의 편이 되어 주는 것도 좋고, 도서관이나 문방구에서 자연스럽게 말을 붙이는 것이 좋을 듯하다.

   [길라잡이]
   학생들 가운데는 "이성(異性) 친구는 관심이 없어요."라고 말할지도 모르지만 그것은 옳은 대답이 아니다. "이성(異性) 친구를 만난다면"이라고 가정했기 때문이다. 따라서 일단 만나는 것을 사실로 보고 어떤 식으로 친해지는 것이 좋은지를 생각해 볼 필요가 있다. 무조건 대시(dash)를 한다거나 무조건 전화번호를 물어본다는 식의 답변에 대해서는 한 번 더 물어볼 필요가 있다. 물론 그것이 자연스러운 방법이라면 비난할 일이 아니다.

4. [예시답]
   아버지로부터 소녀가 죽었다는 이야기를 들은 소년은 다음날 아침, 개울가로 가서 소녀를 만난 곳을 걷는다. 그리고는 고개를 들어 먼 곳을 보니 소녀와 같이 갔던 곳이 생각이 난다. 소년은 소녀와 같이 걸었던 들판을 보고 가을걷이가 끝난 논을 보니 소녀의 생각이 더욱 간절하다. 송아지는 어느 새 많이 자랐고 코뚜레도 꿰었다. 마침 소녀와 같이 놀았던 그날처럼 소나기가 내리기 시작했다. 소년은 원두막도 보았고 건너편의 수숫단도 보았지만 그 속으로 들어갈 생각은 하지 않고 소나기를 맞으면서 그냥 걷는다. 소년의 머리와 눈에도 소나기가 주룩주룩 내리고 있었다. '하늘나라에서는 건강하게 지내고 먼 훗날 다시 보면 꽃반지 만들어 줄게.' 소년은 소나기 내리는 빗속을 하염없이 걸었다.

   [길라잡이]
   뒷이야기 쓰기는 앞의 내용과 연관되게 써야 한다. 갑자기 뜬금없이 죽었던 사람이 살아나거나 소년의 성격이나 모습이 느닷없이 바뀐다면 이야기의 흐름을 잘못 잡은 것이다. 뒷이야기 쓰기는 이야기 다시 쓰기와는 달리 앞의 이야기의 연장선상에 있어야 한다.

아이들을 위한 PSAT와 LEET(22~23쪽)

1. [정답] | ①
   [길라잡이]
   이 문제는 사실을 근거로 새로운 사실을 추론하는 문제이다. ②는 알 수 있다. 따가운 가을 햇살이라는 말에서 알 수 있듯이 시간적인 배경은 가을이다. ③도 바위에 나란히 걸터앉았으므로 맞는 말이다. ④ 바위와 풀냄새 등의 단어로 보아 공간적인 배경은 들판이나 산속이며, 유달리 주위가 조용해진 것 같았다라는 말로 미루어 ⑤도 맞는 말이다. 문맥으로 미루어 보아 같이 앉아 있지만 서로 말을 주고받지 못하는 사이이므로 ①은 정확하게 알 수 없다. 따라서 정답은 ①이다.

2. [정답] | ③
   [길라잡이]
   이 문제는 추론하여 사실 여부를 확인하는 문제이다. ①의 '불룩한 주머니'는 그다음 문장으로 보아 호두가 들어 있다는 것으로 알 수 있다. 그리고 이사 가기 전에 한번 개울가로 나와 달라는 말을 못 했다는 사실로 미루어 보아 참말이고, 옴이 오를 수도 있는데 호두송이를 맨손으로 깐 것도 다른 생각은 하지 못하고 소녀 생각만 했기 때문이다. 그리고 약속 시간을 정하지 않은 사실에 대해서도 후회 내지 '자책'하고 있음을 알 수 있다. 그러나 맨손으로 호두를 깐 까닭은 옴 때문이 아니라 그저 소녀 생각만 앞섰기 때문이다. 따라서 정답은 ③이다.

3. **[정답]** | ②

[길라잡이]

이 문제는 사실을 근거로 그에 걸맞은 답을 추론하는 문제이다. 각 답지의 뜻은 다음과 같다. ① 금상첨화(錦上添花) : 비단 위에 꽃을 더한다는 말로, 좋은 것 위에 더욱 좋은 것을 더한다는 뜻. ② 설상가상(雪上加霜) : 눈 위에 서리가 덮인 격이라는 뜻으로, 어려운 일이 연거푸 일어남을 비유함. ③ 호사다마(好事多魔) : 좋은 일에는 방해가 많이 따른다거나 좋은 일이 실현되기 위해서는 많은 풍파를 겪어야 한다는 것을 나타내는 말. ④ 고진감래(苦盡甘來) : 쓴 것이 다하면 단 것이 온다는 뜻으로, 고생 끝에 즐거움이 옴을 이르는 말. ⑤ 내유외강(內柔外剛) : 겉으로는 강하게 보이지만, 속은 부드럽다는 말이다. 그런데 지문의 내용은 나쁜 일이 계속해서 닥친 이야기를 하고 있으므로 이런 경우에는 '설상가상'이라는 말이 어울린다. 사내애 둘을 잃고 또다시 상을 당했기 때문에 나쁜 일이 연이어 일어났음을 보여 준다. 따라서 정답은 ②이다.

4. **[정답]** | ⑤

[길라잡이]

이 문제는 사실들을 분류하는 문제이다. ㉠은 소녀의 죽음, ㉡은 전답을 판 일, ㉢은 소녀의 죽음, ㉣은 소녀 형제들의 죽음, ㉤은 소녀의 죽음을 가리킨다. 따라서 같은 사건을 가리키는 말은 ㉠, ㉢, ㉤이다. 학생들은 여자아이가 어떻게 대를 이을 수 있지 하고 반문할 수 있겠으나, 데릴사위로 대를 이을 수도 있고 양자를 들여 대를 이을 수도 있다. 따라서 ㉠, ㉢, ㉤이 들어간 답은 ⑤이다.

아버지의 편지

 책을 펴는 아이들(25쪽)

1. **[예시답]**

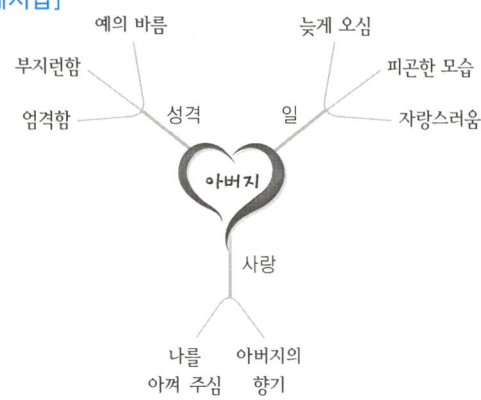

[길라잡이]

아버지에 대한 생각이나 느낌을 근거로 떠오르는 낱말을 써 보고, 기준을 정하여 분류하면서 큰 영역에서 작은 영역으로 확대해야 한다. 마인드맵을 하는 과정은 다음과 같다.

1단계 : 중심 이미지를 그린다(이 문제에는 제시되어 있음).

2단계 : 주 가지를 그린다. 이것은 중심이 되는 이미지(또는 낱말)를 가지처럼 나누어 그리고 그 위에 주제를 써 넣는다.

3단계 : 부 가지를 그린다. 즉 주제(주 가지)에서 부 주제(부 가지)로 뻗어 나가면서 주제에 해당하는 하위 내용의 핵심어를 쓴다.

4단계 : 세부 가지를 그린다. 이것은 부 가지의 내용을 보충하는 것으로 한다.

2. **[예시답]**

아버지의 성격	어머니의 성격
• 아버지는 엄하다. • 무섭다. • 말이 별로 없다. • 혼낼 때는 어머니보다 훨씬 무섭다. • 학교 성적이 나쁜 것보다 거짓말을 하는 것을 더 싫어하신다. • 용돈을 잘 주신다. • 잘 놀아 주신다. • 집안의 일이 생기면 잘 고치신다.	• 어머니는 나를 세심하게 보살펴 준다. • 아침밥을 잘 챙기는 것을 보면 꼼꼼하다. • 친구 같다. • 내가 힘들 때 좋은 말로 위로해 준다. • 말이 훨씬 예쁘다고 하면 삐친다. • 용돈을 잘 주지 않는다. • 구두쇠 같다. • 잔소리가 많다.

[길라잡이]

이 문제의 답은 아이들마다 다를 수 있고 아버지와 어머니의 성격이 비슷한 경우도 있을 수 있다. 비교는 공통점을 이야기하고 대조는 차이점을 이야기하는 것이기 때문에 아버지와 어머니의 공통점과 차이점을 이야기해도 좋을 것이다.

3. [예시답]
다산(茶山) 정약용은 실생활의 유익을 목표로 한 실학이라는 학문을 연구한 실학자이다. 정조 대왕 시절에 수원 화성(華城)의 설계도를 만들었고, 현대의 기중기에 해당하는 녹로(轆轤)와 거중기(擧重器)를 만들어 화성을 빨리 지을 수 있게 하였다. 서학(西學 : 천주교)을 믿었다는 죄목으로 유배(귀향)을 가서 많은 책을 지었다.

 책을 다시 읽는 아이들(26~27쪽)

1. [정답] | 학연, 학유
2. [정답] | 공부, 태도
   [길라잡이]
   귀양 가 있는 아버지는 고향에 남겨진 두 아들을 걱정하며 편지를 보냈다. 특히 공부를 게을리하지 않도록 하는 내용과 올바른 삶의 태도를 강조했다.
3. [정답] | 효도, 우애, 공경
   [길라잡이]
   *효도 (孝道) : 부모를 잘 섬기는 도리 또는 부모를 정성껏 잘 섬기는 일
   *우애 (友愛) : 형제간 또는 친구 간의 사랑이나 정분
   *공경 (恭敬) : 공손히 받들어 모심
4. [정답] | 기록 (또는 메모라고 현대적인 용어를 써도 됨)
5. [정답] | 경서, 역사, 실용
6. [정답]
   일 년 동안 해야 할 공부의 과제를 미리 정하여 둠. (공부할 계획도 정답.)
7. [정답] | 독서
8. [정답]
   * 화목 (和睦) : 서로 뜻이 맞고 정다움
   * 검소 (儉素) : 사치하지 않고 꾸밈없이 수수함
   * 이치 (理致) : 사물의 정당한 조리(條理). 또는 도리에 맞는 취지
9. [예시답] | 국화, 닭

 책을 깊게 읽는 아이들(28~29쪽)

1. [정답]
   아버지가 지은 책을 두 아들이 잘 읽지 않는 것을 타이르기 위해서.
   [길라잡이]
   다산 선생은 유배지에서 좋은 생각이 날 때마다 글로 지어서 아들들에게 보내어 아들들이 읽기를 바랐다. 다산 선생은 편지로 책을 읽는 이유 등을 비롯해 여러 가지를 가르쳤다.

2. [정답]
   ① 한 글자 한 글자의 뜻을 분명히 알게 된다.
   ② 글 전체의 의미를 환하게 알 수 있다.
3. [예시답]
   남을 도와줄 때에는 대가를 바라고 도와주어서는 안 되기 때문에.
   [길라잡이]
   남을 도울 때에는 정성을 다해서 도와주어야지 그것을 핑계로 보답이나 대가를 바라는 것은 순수하지 못하며 남을 도운 공로가 사라지고 만다.
4. [예시답]
   ① 온 가족이 힘을 모아 집안일을 하는 것.
   ② 아픈 환자에게 희망을 주기 위해 선의의 거짓말을 하는 것.
   ③ 어려움에 처한 사람을 돕기 위해 내 것을 나누어 주는 것.
   ④ 나쁜 행동인 줄 알면서도 남을 속이는 것.
   [길라잡이]
   모든 일은 시비가 가려지게 마련이고, 그 결과는 이익이 되거나 손해가 되는 것으로 나타나게 마련이다. 학생들의 주변에서 일어나는 일 중에서 옳고 이익이 되는 일에 초점을 맞추게 해야 한다.
5. [예시답] | 스스로(또는 혼자, 자기 힘으로)
   [길라잡이]
   편지 내용 중에 '안살림에서부터 깊게 생각하라.'는 것은 모든 문제가 자신의 것임을 알게 하는 것이고, '남의 은혜를 바라는 생각을 없애는 것'은 결국 남의 도움을 빌기보다는 자신의 힘으로 문제를 해결하라는 뜻이 된다.

책을 내 것으로 만드는 아이들(30~31쪽)

1. [예시답]

영역	좋은 점	고쳐야 할 점
마음 가짐	공부를 해야 하는 이유를 안다.	굳은 의지가 부족하다.
학습 태도	선생님 말씀을 잘 듣는다.	중요한 내용을 기록하지 않는다.
시간 관리	아침에 일찍 일어나서 공부한다.	게임을 너무 많이 한다.

[길라잡이]
자기 주도 학습이 가능하기 위해서는 자신의 목표가 분명해야 하고 올바른 방법으로 실천해야 하며 시간을 낭비하지 않아야 하는 것이 기본이다. 따라서 자신의 학습 과정을 반성하고 목표 관리, 학습 방법, 시간 관리 등을 점검하고 고쳐 나갈 때 학습의 효과가 커진다.

2. [예시답]
   - 기르고 싶은 식물 : 고추
   - 이유 : 고추는 실내에서도 물만 주면 자라고 자라는 과정을 관찰하기 쉽다. 또 내가 기른 고추를 우리 식탁에 올려 두고 싶기 때문이다.

   [길라잡이]
   학생들의 다양한 의견을 인정한다. 어떤 식물이라도 그것이 그 사람에게 의미 있는 대상이 될 수 있음을 허용해야 한다. 따라서 전문적인 의견보다는 학생들이 좋아하는 대상이나 관심 있는 대상을 선택하는 것이 바람직하다.

3. [예시답]
   - 명작 동화 50권 읽기
   - 착한 일 10번 하기
   - 피아노 체르니 30 끝내기

   [길라잡이]
   자신이 공부하고 싶은 분야를 정하고, 능력에 맞는 목표를 구체적으로 세울 때 효과가 있다. 막연하고 지나치게 허황된 목표를 세우지 않도록 해야 한다.

4. [예시답]

대상	예절, 효도, 공경의 태도의 실천 사항
부모님	부모님이 아침에 일어나셨을 때, 저녁에 주무시기 전에 꼭 인사를 드린다.
형제	형님의 말씀을 잘 듣고 순종한다.
다른 가족	예의 바른 태도로 인사를 잘 한다.

   [길라잡이]
   아이들의 다양한 의견을 인정한다. 남을 대할 때 예의를 갖추고 정성을 다하는 자세로 임해야 하는 마음가짐을 강조한다.

5. [예시답]
   아버지의 슬픔처럼 저희들의 마음도 아프고 힘들었어요. 하지만 걱정 마세요. 아버지의 슬픔과 걱정하시는 마음, 저희들이 더 잘 받들어 어머니께 효를 다하겠습니다.

   [길라잡이]
   자식을 잃은 아버지의 마음을 헤아리는 내용과 함께 어머니를 걱정하시는 아버지의 마음을 이해하고, 자식 된 도리로 어머니를 잘 모시겠다는 다짐이 들어 있는 편지가 되어야 한다.

 아이들을 위한 PSAT와 LEET(32~33쪽)

1. [정답] | ④

   [길라잡이]
   아버지의 편지에서 '세상에 쓸모 있는 사람'이란 어떤 사람인지 알고 어떻게 행동해야 하는지를 추론하는 문제이다. 지문에서 다산 선생은 시골에 살면서 채소를 가꾸고, 어떤 어려움이 있어도 실천하려고 해야 한다는 점을 강조하고 있다. 따라서 시골에 살면 양반이라 할지라도 생산적인 활동을 해야 한다고 하였으므로 ①은 옳지 않고, 밭을 일구는 일을 중요한 일로 여기고 있으므로 ②도 옳지 않다. 그리고 농사를 귀하게 여기는 하였으나 농사에 관련된 책을 읽어야 함을 의미하지는 않으므로 ③도 잘못된 답이다. 다산 선생의 편지에 나타난 깊은 뜻은 ④처럼 학문만이 전부가 아니라 농사일을 통해서도 배울 것이 있다는 가르침이라 할 수 있다. 따라서 ④가 정답이다. 끝으로 다산 선생은 백성들의 삶에 보탬이 되는 활동을 중요하게 여기기는 하였지만, 학문보다 생업을 중요하게 여기지는 않았으므로 ⑤는 옳지 않다.

2. [정답] | ④

   [길라잡이]
   ①은 다산 자신의 이야기라고 할 수 있다. 아들들에게 하는 말이 아니다. ②는 일반적으로 좋은 이야기이지만 공부하라거나 효도하라는 말이 지문에는 없다. ③은 지문 뒤에 감춰진 말일 수 있으나 아들들에게 하는 말이라고 하기는 어렵다. 다산이 소나무를 심었으니 그 소나무를 돌보라는 의미는 아니다. 그 뒤의 말에 다산이 나무를 더 심었을 것이라는 말로 보건대 아들들에게 나무를 많이 심으라는 의도가 강하다고 할 수 있다. ④는 지문 전체의 내용이 담겨 있다. 국화 심은 일을 칭찬하는 것이나 과원이나 채소밭 이야기나 생지황 등에 유의하라는 말로 보아 지문에서 다산이 하라는 것은 꽃이나 약재 나무 등을 심으라는 의미라고 보아야 한다. ⑤의 과원이나 채소밭 가꾸기는 다산 자신의 일일 수는 있으나 백성들의 과수나 채소밭 가꾸는 일을 도와주라는 의미는 아니다. 따라서 정답은 ④이다.

3. [정답] | ⑤

   [길라잡이]
   다산 선생이 공부를 하라고 아들을 꾸짖는 내용을 보면 날로 마음이 어그러지고 행동거지가 천박해지며 안목이 좁아지고 기상을 잃고 공부가 조잡해지고 식견이 비어 가는 것을 경계하고 있다. 따라서 공부를 일찍 하라는 말보다는 '더 늦기 전에 공부를 해야 한다'는 점을 강조하고 있다고 보아야 한다. 따라서 ⑤가 정답이다.

4. [정답] | ①

   [길라잡이]
   다산 선생이 말한 '자잘한 사정들'이란 공부를 하는 데 걸림돌이 될 수 있는 사정을 의미한다. 그중에는 아버지의 부재로 인한 어려움과 가정을 돌보아야 하는 어려움, 홀로 계신 어머니 곁을 지키고 봉양해야 하는 것 등이 해당된다. 공부하여 입신양명(몸을 세우고 이름을 높임. 출세함)하는 것은 중요한 일이다. 그래서 정답은 ①이다.

꿈을 찍는 사진관

 ### 책을 펴는 아이들(35쪽)

1. [정답]
신작로, 대궐, 패랭이, 초립동이, 문어귀, 곤룡포, 왕관
[길라잡이]
현대 생활에서 잘 사용하지 않는 어휘들이므로 아이들이 낯설게 느낄 수 있다. 그러나 고전을 읽을 때 등장하는 어휘들이므로 익혀 두는 것이 필요하다. 필독서의 하단에 어휘 풀이가 있는 것도 있으므로 책을 읽으면서 어휘 풀이까지 살펴보는 훈련이 될 수 있다. 책을 읽기 전 활동으로 어휘 풀이를 하면 필독서 내용을 좀 더 바르게 이해할 수 있게 될 것이다.

2. [예시답]
* 대궐을 들어가서 곤룡포를 입고 왕관을 쓰고 있는 임금님을 만나고 나왔다.
* 집으로 돌아오는 대궐 앞 신작로 길에서는 패랭이를 쓴 초립동이를 보았다.

[길라잡이]
어휘의 뜻을 잘 알아맞히더라도 짧은 글짓기를 하여 문장 연습을 하면 어휘력이 향상될 수 있다. 한 어휘만 적용하는 게 아니라 두 어휘를 적용하여 문장을 만들어야 하므로 어휘력이 약하거나 짧은 글짓기가 힘든 아이는 한 어휘를 한 개 문장으로 각각 적용하여 두 개의 문장을 만들도록 하면 된다.

 ### 책을 다시 읽는 아이들(36~37쪽)

1. [정답]
〈이상한 연적〉
연적, 개, 고양이
〈숲의 나라 멧새의 나라〉
숲, 나무
〈대포와 꽃씨〉
뿌리, 꽃씨
〈무지개〉
고아원, 서울
〈꿈을 찍는 사진관〉
꽃나무, 북쪽
〈영식이의 영식이〉
이름, 이름, 교실
〈날아다니는 사람〉
대장장이, 쌀
〈골목 안 아이〉
고양이, 고양이, 할아버지
〈허수아비의 눈물〉
허수아비, 허수아비
〈청개구리 나라〉
여행, 사람

[길라잡이]
다수의 단편 동화가 실려 있는 단편 모음집이므로 아이들이 자칫 흥미 있는 이야기만 골라 읽는 경우가 생기기도 한다. 그래서 책을 완독하도록 유도하기 위해 12작품 중 10작품의 줄거리를 요약해 보도록 했다. 작품 수는 많지만 보기의 낱말을 적용하여 요약하는 문제이기 때문에 쉽게 답할 수 있을 것이다. 단편은 갈등 빈도와 구조가 복잡하지 않으므로 작품에 몰입하지 못하는 경향이 있다. 그래서 이 필독서처럼 여러 편의 작품이 있는 경우는 작품의 정확한 요지를 찾지 못할 수 있다. 보기를 참고하면 요약문을 완성하는 데에 큰 어려움을 겪지 않을 것이다.

 ### 책을 깊게 읽는 아이들(38~39쪽)

1. [예시답]
· 두 나라는 서로 사이가 좋지 않았고, 사람들이 공연히 이웃 나라의 흉을 보면서 전쟁을 하고 싶어 하는 사람까지 생겨났기 때문이다.
· 포탄이 전쟁을 하는 무기가 아니라 꽃을 전하는 도구로 쓰였기 때문에 자신들도 꽃씨를 넣은 포탄을 동쪽 나라로 보낸 것이다.
· 자신들이 보낸 꽃 뿌리에서 꽃을 피울 숫자보다 서쪽 나라에서 온 꽃씨가 피울 꽃의 수가 많다면서 시기심을 가졌던 생각이 불필요한 것이었다고 깨달았기 때문이다.

[길라잡이]
작품 처음 부분에 두 나라 백성들이 서로를 견주며 시샘을 했고, 전쟁이 일어날 것 같은 분위기가 되었으나 반전이 일어난 이야기이다. 사건의 흐름 속에서 반전의 과정에 따라 이유와 결과를 따져 보는 문제이다. 어떤 일이 일어나는 데에는 원인이 있고, 또 그 원인에 의하여 일정한 결과를 얻게 된다는 것을 함께 생각해 보면 좋겠다.

2. [정답]

꿈 속의 과거	헤어진 시기	초등학교 5학년 때
	헤어지게 된 이유	맘 놓고 살 수 있는 자유로운 곳을 찾아 서울로 왔기 때문
	헤어질 때 '순이'의 모습	노랑빛 저고리와 하늘빛 치마 차림
사진 속 현재	사진 속 '순이'의 모습	12살 때의 과거 모습
	사진 속 '나'의 모습	20살이 된 현재의 모습
	사진을 보며 우습기 짝이 없었던 까닭	현실에서 순이를 만날 수 없다는 걸 깨달았기 때문 또는 20살이 된 순이의 현재 모습은 생각하지도 못하고 과거 모습만 생각하고 있어서

[길라잡이]
과거의 기억과 현재의 한계에 대한 시·공간의 간격을 기억의 장면과 사진의 장면으로 비교해 보는 문제이다. 주인공 '나'가 꿈을 찍는 사진관에서 받은 사진을 보면서 열없어하는 이유를 생각해 보면 과거와 현재, 꿈과 현실의 차이를 찾아낼 수 있을 것이다.

3. [예시답]
- 고아원에서 아저씨를 기다리는 것 – 서울로 아저씨를 찾아가는 것.
- 아저씨를 잊어버려야겠다는 마음 – 아저씨를 잊고 싶지 않는 마음
- 아저씨를 그리워하는 마음 – 아저씨를 그리워하는 것을 꾸짖는 마음.
- 형이고 부모인 아저씨를 그리워하는 생각 – 형이고 부모인 아저씨를 잊고 싶은 생각
- 아저씨가 자신을 잊었을 것이라는 생각 – 아저씨가 자신을 잊지 않았을 것이라는 생각.

[길라잡이]
짧은 글 속에서 주인공이 극심하게 갈등하는 구조가 얽혀 있다. 갈등이 노출된 문장도 있지만, 내용적인 의미를 추론해서 갈등 구조를 생각해야 하는 문장도 있으므로 따져서 읽어야만 답을 찾을 수 있다.

4. [예시답]
민호는 학교에서나 집에서 관심을 받지 못했다. 엄마 아빠에게 함께 이야기하고 싶다고 해도 무시당하자 자신이 허수아비로 느껴져서 진짜 허수아비처럼 한 것이다.

[길라잡이]
민호는 학교에서나 집에서 함께 놀아 주거나 이야기를 나눌 만한 사람이 없었다. 그래서 자신이 허수아비로 느껴졌다.

5. [예시답]
여행은 힘들고 어려운 일을 겪게 되지만 소중하고 가치 있는 경험이 된다.

[길라잡이]
마치 격언처럼 느껴지는 '여행은 쓰고도 달다.'라는 말의 의미와 함께 주인공이 여행을 하는 이유를 함께 생각해 볼 수 있다.

책을 내 것으로 만드는 아이들(40~41쪽)

1. [예시답 1]
새로 전학 온 아이에게 내가 먼저 말을 걸었다. 처음에는 그 친구가 나의 말에 웃어 주지 않고 무뚝뚝하게 대해서 멋쩍었다. 그래도 꾹 참고 또 말을 걸었더니 그때부터 그 친구가 웃어 주어서 친한 친구가 되었다. 그 친구와 나는 같은 아파트에 살기 때문에 학교를 갈 때 같이 가고, 집에 올 때도 같이 온다. 또 어려운 숙제를 할 때 함께하면서 서로 도움을 주고받을 수 있어서 참 좋다.

[예시답 2]
경은이와 나는 어릴 때부터 단짝이다. 우리는 서로 비밀까지 말할 정도로 친했다. 그런데 며칠 전에 우리 반 민지와 경일이가 사귀고 있다는 사실을 알려 주면서 꼭 비밀을 지켜 달라고 했는데, 경은이가 소문을 내 버린 것이다. 민지가 나한테만 얘기한다고 하면서 비밀을 지켜 달라고 했는데 경은이가 나를 배신해 버린 것이다.

[길라잡이]
먼저 양보나 용서를 했거나 친절을 베풀어서 좋은 사이가 된 경험 중에 한 가지를 소개하면 된다. 이런 경우가 없다면 자신이 먼저 양보를 했거나 친절을 베풀었는데 오히려 곤란을 겪은 경우를 소개하는 것도 좋다. 아이들이 자신의 경험을 먼저 소개하지 않을 경우는 교사가 먼저 자신의 경험 몇 가지를 소개해 주는 것도 한 가지 방법이다.

2. [예시답]
* 가만히 있자는 입장 : 상대방이 힘이 강할 때는 가만히 있는 것이 상책이다. 공연히 대들었다가는 귀한 목숨을 잃을 수도 있기 때문이다. 상대방의 힘이 강할 때는 가만히 기회를 엿보면서 힘을 기르는 것이 중요하다. 당장 싸우는 일보다는 우리의 처지를 생각하는 것이 옳다. 잘못하면 개죽음을 당할 수도 있기 때문이다.

* 싸우자는 입장 : 부당한 압력에는 분연히 일어나 싸우는 것이 옳다. 독재를 보고도 가만히 있으면 오래도록 또는 영원히 독재자의 지배를 받을 수 있기 때문이다. 싸우다가 목숨을 잃는다고 해도 그것으로 인해 다른 사람들도 싸우겠다는 마음을 갖게 되면 반드시 독재자를 물리칠 수 있을 것이다. 부당한 독재에 대해서는 맨손으로라도 싸워서 국민의 자유를 지켜야 한다. 자유가 없는 국민은 죽은 것이나 마찬가지이다.

[길라잡이]
토론은 입장이 중요하지 않다. 만약 자신이 선택한 입장이 중요하다고 생각하는 아이가 있다면 토론이 끝난 뒤에 입장을 바꾸어 토론해도 좋다. 이 방법은 반대 입장을 선택한 상대방의 입장을 이해할 수도 있고, 자신의 입장에 어떤 문제점이 있는지 아는 방법이기도 하다. 허심탄회하게 토론하고 나면 자신의 견해와 입장이 더욱 분명해질 것이다. 그러나 토론할 때는 서로의 입장 차이를 확인하고 제3자에게 누구의 말이 더 설득력이 있는지를 물어서 생각을 정리할 수 있을 것이다.

3. [예시답]
민호야, 너 정말 많이 속상했겠다. 너희 엄마 아빠가 사업이 힘들 때는 너를 생각할 겨를이 없었고, 사업이 잘 될 때는 또 다른 이유로 바빠하면서 너에게 관심을 가져주지 않아서 말이야. 사실 우리 부모님도 맞벌이여서 나와 별로 이야기할 시간이 없어. 그래도 나는 자꾸 엄마 아빠한테 오늘 있었던 일을 이야기한단다. 우리 엄마 아빠는 내 이야기를 안 듣는 것 같이 하면서도 사실 다 듣고 계시더라고. 그런데 너희 부모님은 아예 들어주시지도 않았으니 네가 허수아비로 생각할 수밖에 없었겠어. 그래도 넌 용기가 있구나. 사람들이 다니는 길에서 허수아비 모양을 하고 있었으니 말이야. 그런 용기라면 앞으로 넌 어떤 어려움도 다 이겨낼 수 있을 것 같아. 그 용기로 앞으로는 더 힘내고 파이팅 하자.

[길라잡이]
혹시 어린이들이 민호의 상처받은 마음을 충분히 이해하지 못하여 오히려 민호에게 충고하고 싶어 하는 경우가 생길 수도 있다. 만약 그럴 경우는 민호가 많이 힘들었고 여러 번 엄마에게 자신의 마음을 표현하려 했던 점을 상기시켜 주는 것이 필요하다. 그리고 어떤 표현이더라도 어린이가 표현하고 싶어 하는 그 자체를 존중해 주는 게 바람직하다.

 아이들을 위한 PSAT와 LEET(42~43쪽)

1. [정답] | ③
[길라잡이]
꿈을 찍는 사진기를 발명한 이유를 나타낸 부분이다. 아기를 만나고 싶어 하는 그리움, 사진과 꿈 그리고 현실의 괴리를 해결하기 위한 절박함에서 사진기를 만들어 냈다고 이야기하고 있다. 꿈을 찍는 방법과 꿈을 찍는 사진기의 특징은 나타나 있지 않다. 꿈을 찍는 사진기를 발명한 이유가 제목으로 적절하다. 따라서 정답은 ③이다.

2. [정답] | ④
[길라잡이]
①의 '꿈은 삶에 어떤 역할을 할까?'를 살펴보면, 꿈은 깰 수밖에 없다는 한계가 있지만 현실에서의 한계를 뛰어넘을 수 있는 유용성이 지적되고 있어 꿈의 역할은 확장해서 생각해 볼 수 있는 주제이다. 그리고 사진도 순간의 모습에 그치지만 과거를 되새기며 그리움을 달랠 수 있는 있다는 점과 등장인물이 사진기를 만든 이유를 보면 사진의 필요성을 생각해 볼 수 있는 주제이므로 ②도 토의 주제가 될 수 있다. ③도 마찬가지다. 등장인물이 전쟁으로 인한 피해와 아픔을 되새기고 있어서 전쟁이 삶에 큰 영향을 준다는 것도 충분히 생각해 볼 수 있는 주제이다. 그리운 사람을 추억하는 방법은 글에서는 사진과 꿈을 들고 있는데, 이것 또한 확장해서 생각해 볼 수 있는 주제이다. 따라서 ⑤도 토의 주제가 될 수 있다. 그러나 ④는 꿈의 한계를 말하고 있어서 토로 주제로 선정하기에는 부족하다. 또한 글의 내용과 거리가 멀다. 따라서 정답은 ④이다.

3. [정답] | ④
[길라잡이]
명구는 자신의 생각이 맞는지 여러 상황을 견주어 보고 살펴봄으로써 정황을 올바르게 판단해 내는 아이이다. 순간적인 생각으로 판단하는 성급한 아이라면 상황을 살펴보고 판단해 보기도 전에 먼저 짐작 내용을 발설했을 것이다. 따라서 정답은 ④이다.

4. [정답] | ⑤
[길라잡이]
금순이가 죽 그릇을 명구에게 들키지 않도록 하기 위하여 감춘 것은 자신의 집이 가난하다는 것을 부끄러워했기 때문이다. 그러나 그것은 자신의 잘못이 아니다. ①과 ③은 잘못을 감추거나 무마시키려는 것이다. ②와 ④는 부끄러운 점은 같지만 자신의 약점이 보일까 봐 감추는 것은 아니다. ⑤의 행동은 자신의 잘못이나 약점이 아닌데도 그것을 부끄러워하고 숨기는 것이다. 따라서 정답은 ⑤이다.

존 아저씨의 꿈의 목록

 ### 책을 펴는 아이들(45쪽)

1. **[정답]**
   꿈은 하고 싶은 일이다. 기적이다. 별이다. 되고 싶은 사람이다. 갖고 싶은 것이다. 등등……
   [길라잡이]
   꿈을 어떻게 생각하는지 알아보는 활동이다. 꿈을 직업이라고 생각할 수도 있고 막연하게 이루고 싶은 것이라고 할 수도 있다. 어떤 것이든 죽기 전에 또는 죽고 나서 성취하고 싶은 것을 꿈이라고 할 수 있다.

2. **[예시답]** ㅣ 목표, 계획, 돈, 시간, 지식, 학력 등
   [길라잡이]
   위의 예시답 이외에 노력이나 공부 또는 친구 등 어떤 것이든 상관이 없지만 그 이유가 적절해야 한다.

3. **[정답]**
   (1) 아프리카
   (2) 빅토리아, 지중
   (3) 피라미드(또는 스핑크스)

4. **[정답]**
   나라 : 미국
   세계 자연 유산 : 그랜드 캐니언

 ### 책을 다시 읽는 아이들(46~47쪽)

1. **[정답]**
   힘들지만 목장 일을 하면서 몸이 튼튼해지고 인내심과 자신감, 독립심이 생겼다.
   [길라잡이]
   존 아저씨는 방학 때마다 삼촌들의 목장에서 목부로 일을 하며 자신만의 꿈을 세우고, 꿈을 이룰 수 있는 힘을 키웠다.

2. **[정답]**
   빠져나온 방법 – 큰 전복을 보고 욕심이 생겨 준비도 없이 전복을 따려다 물렸다. 겁에 질렸지만 저항하지 않고 침착하게 가만히 있자 전복이 힘을 빼서 빠져나왔다.
   깨달은 점 – 잘 알고 있는 것이라도 자만하지 않고 겸손해야 한다는 것을 배웠고, 자연에 대해 경각심을 가질 뿐 아니라 아끼는 마음을 가져야 한다는 것을 깨달았다.
   [길라잡이]
   전복은 바위에 단단히 붙어 있어서 전복에 물리면 익사할 수도 있다. 위험한 상황에서 어떻게 대처해야 하는지 아는 것이 중요하다.

3. **[정답]**
   프랑스 탐험가인 장 러포드(30세, 작가) – 스케치북과 카메라로 여행의 기록을 담당했고, 프랑스 자연사 박물관에 기증하기 위한 곤충 표본을 수집하기로 했다.
   앙드레 데비(36세, 작가이자 기자) – 프랑스 통신사인 AFP에 여행 기사를 쓰기로 했다.
   존 아저씨(26세) – 16mm 필름을 사용해서 텔레비전과 강의용 영상을 촬영하고, 출판할 책에 사용할 사진을 35mm 카메라로 찍는 것이다.

4. **[정답]**
   자신의 영역에 침입한 일행에게 화가 나서 쫓아오는 하마를 따돌리기 위해 있는 힘을 다해 노를 저었다.

5. **[정답]**
   사막에서 길을 잃고 정신이 희미해져 갈 때 물가에 사는 물떼새 한 마리의 울음소리를 듣고 정신을 차려 강으로 돌아왔다.

6. **[정답]**
   꿈의 목록 중 일부분을 이루었지만 나일 강 탐험을 통해 얻게 된 용기와 자신감 그리고 사람들에 대한 사랑과 믿음이 앞으로 이룰 꿈들에 큰 힘이 된다는 것을 알게 되었기 때문이다.

7. **[정답]**
   항공 촬영을 위해 경비행기, 래프팅 여행 예약, 카메라, 검정색 합성 고무로 만든 공기 주입식 배, 구명조끼, 그리고 탐험을 도와줄 8명의 남자와 4명의 여자 스태프.
   [길라잡이]
   꿈을 이루기 위해서는 준비가 필요하다.

8. **[정답]**
   야생 동물이 멸종되면 생태계가 망가지고 사람들도 자연재해와 식량 부족 등으로 병이 들게 된다. 자연과 조화를 이루지 않으면 꿈도 의미를 잃게 되기 때문이다.

 ### 책을 깊게 읽는 아이들(48~49쪽)

1. **[예시답]**
   · 가지고 있던 꿈을 이루었다고 모든 것을 이룬 것이 아니다.
   · 작은 것을 이루면 또 다른 꿈을 꿀 수 있기 때문이다.
   · 작은 꿈이 모여 더 큰 꿈을 꾸는 바탕이 되기 때문이다.

2. [예시답]
책을 읽으면 배경지식과 많은 정보를 얻을 수 있고 꿈과 관련된 아이디어를 얻을 수 있다. 꿈을 이룬 후에도 어떤 일을 하고 싶은지 고민할 수 있다.

3. [예시답]
건강 - 육체적 건강, 정신적 건강, 영혼의 건강이 필요한 이유는 건강한 몸이 있어야만 꿈을 실행할 수 있고, 정신이 건강해야만 힘든 일을 이겨낼 수 있기 때문이다. 그리고 영혼의 건강을 통해 자연, 예술을 이해하고 겸손해질 수 있다.
사람 - 혼자의 힘으로는 꿈을 이루기 힘들고 이루더라도 보람이 없기 때문이다.
공부 - 꿈을 이루기 위해서는 지식이 필요하다. 그리고 꾸준히 공부해야만 자신의 꿈을 이해하고 더 큰 꿈을 꿀 수 있다.
교양 - 다양한 꿈을 꿀 수 있게 해 준다.
돈 - 꿈을 이루게 해 주는 수단이 될 수 있다.
[길라잡이]
존 아저씨가 말한 꿈을 이루기 위한 기본 원칙에 대해 깊이 생각해 보고 아이들이 자신의 꿈을 이루기 위해서는 무엇이 필요한지 알아보게 한다.

4. [예시답]
중요한 일이 있을 때 눈을 감고 미리 예행연습을 하면 실수를 줄일 수 있고 실제로 할 때 마음속에서 행한 것처럼 할 수 있기 때문에 꿈을 이루는 데 많은 도움이 된다.
[길라잡이]
힘든 일이나 꿈에 대해 먼저 상상해 보면 그 일에 부딪혔을 때 당황하지 않고 더 편안하게 할 수 있다.

5. [예시답]
꿈은 이룰 수 없는 것이 아니다. 목표를 세우고 꿈을 향해 집중하고 구체적으로 실천하면 이룰 수 있다.
[길라잡이]
대부분 꿈은 이루기 힘들다고 생각한다. 꿈을 이룬 사람들에 대해서는 뭔가 특별하다고 생각하기 쉽다. 하지만 꿈은 목표를 세우고 실천하면 반드시 이루어진다.

6. [예시답 1]
기억에 남는 꿈 : 코끼리 사진 촬영
이유 : 목숨을 걸고 성공했기 때문이다.
[예시답 2]
기억에 남는 꿈 : 나일 강 탐험
이유 : 처음으로 성공한 꿈이고 나일 강 탐험하며 다른 여러 가지 꿈도 이루었고 또 다른 꿈을 이룰 수 있는 밑바탕이 되었기 때문이다. 등등……

[길라잡이]
각자 다양한 답이 나올 수 있다. 큰 꿈을 이룬 것과 관련 있는 것일 수도 있고 아주 사소해서 기억에 남을 수도 있다.

책을 내 것으로 만드는 아이들(50~51쪽)

1. [예시답]
공통점 - 자신의 꿈을 적고, 실천한 점, 그 꿈을 이루고 다른 꿈을 꾸는 것, 그리고 다른 사람의 꿈을 위해 새로운 꿈을 꾼다는 점이다.
차이점 - 존 아저씨는 어려서부터 부모님과 주위 사람들의 사랑과 도움을 받았지만 김수영 씨는 꿈을 꾸는 게 사치라고 생각될 만큼 불우한 어린 시절을 보냈다.
[길라잡이]
존 아저씨가 이룬 꿈은 아이들의 환경에서 보면 먼 이야기라고 생각할 수 있다. 하지만 김수영 씨의 경우는 우리나라, 남도의 작은 도시에서 태어나 불우한 환경에서 이룬 꿈에 관한 이야기라서 피부에 더 와 닿을 수 있다. 2011년 5월의 '조니 워커 킵 워킹 펀드' 공모에 관한 기사라든지, TVN의 백지연의 '피플 인사이드' 인터뷰 내용 등을 보여 줄 수도 있다.

2. [예시답]
꿈이 이루어지기 전의 모습 : 현재 자신의 처한 상황이나 모습
꿈이 이루어진 후의 모습 : 현재보다 만족스럽고 행복한 모습
[길라잡이]
기적이 아니더라도 꾸준히 노력하여 자신의 꿈을 이룬 이후를 상상해 보면서 꿈을 향한 목표를 세우고 실천할 수 있는 힘을 갖도록 한다. 아이들마다 다른 답이 나올 수 있다. 각자의 모습을 비교해 보는 것도 좋다.

3. [예시답]

	이루고 싶은 꿈의 목록	필요한 것
꼭 하고 싶은 일들	바다가 보이는 곳에 나만의 집 마련하기	매일 영어 단어 10개씩 외우기, 블로그 만들어 요리법 올리기
	영어와 프랑스어 배우기(대화가 가능하도록)	
	나만의 요리 사이트 만들고 방송 출연, 요리책 출판	
	전문가급 사진작가 되기	
만나고 싶은 사람들	요리사 에드워드 권 만나서 요리법 배우기	팬클럽, 카페에 가입하여 활동하여 자신 알리기
	1박 2일 피디 만나기	
	BTS 공연 보고 멤버들과 사진 찍기	

여행하고 싶은 곳	프랑스의 유명한 식당 여행하기	프랑스어 배우기, 줄넘기 매일 50개 이상, 돈 생기면 저금하기
	이탈리아 로마, 베네치아	
	우리나라 울릉도	
	미국의 그랜드 캐니언, 디즈니랜드	
아주 사소한 꿈들	몸무게 48kg 유지하기	매일 걷기운동, 빵만드는법 배우기 등등
	혼자서 빵 만들어 보기	
	밤새워 영화 보기	
	머리 염색	

[길라잡이]
꿈의 목록을 책상 앞에 붙여 두고 새로운 꿈이 생길 때마다 적어 보는 것도 괜찮다. 꿈의 목록을 쓰는 것을 힘들어하는 아이들은 존 아저씨의 꿈의 목록을 살펴보며 골라 보게 하는 것도 하나의 방법이다.

 ### 아이들을 위한 PSAT와 LEET(52~53쪽)

1. [정답] | ④
   [길라잡이]
   일반적인 문장을 예화하는 문제이다. 즉 문장의 의미의 구체적인 사실들인지 여부를 묻는 문제라고 할 수 있다. 밑줄 친 문장 이하의 내용은 밑줄 친 문장의 부연 설명이다. 그 내용을 살펴보면 ①, ②, ③, ⑤의 의미가 들어 있음을 알 수 있다. 그러나 꿈을 이루는 과정에서 시행착오는 불가피한 것일 수 있고 그 속에서 새로운 것을 배울 수 있고 더 큰 꿈을 이루는 데 필요한 과정임을 알아야 한다. 시행착오 없이 꿈을 이루려는 생각은 노력 없이 1등을 하겠다는 생각과 비슷하다.

2. [정답] | ①
   [길라잡이]
   숨은 전제를 찾는 추론 문제이다. 지문의 핵심은 "바소가 부족은 가족 다음으로 배를 가장 소중하고 명예로운 재산으로 생각한다. 그런데 그런 것은 팔지 않는다. 따라서 배를 팔지 않겠다."는 것이다. 따라서 정답은 ① "소중하고 명예로운 재산은 팔 수 없다."이다. ②나 ④는 더 많은 돈을 요구하는 것이라고 할 수 있고, ③은 거짓말이다. ⑤는 조금 혼동스러울 수 있다. 그러나 일반적으로 모든 업자들은 물건을 만들 때 정성을 다해 만들고 그만큼 비싼 가격에 판다는 것을 생각하면 정답과 거리가 멀다고 하겠다.

마사코의 질문

 ### 책을 펴는 아이들(55쪽)

[길라잡이]
〈일제 강점기의 통치 정책〉
1910년대 무단 통치
헌병 경찰 통치(태형령. 즉결 심판권), 언론. 집회의 자유 박탈
1920년대 문화 통치
3.1운동의 영향으로 – 보통 경찰제, 민족계 신문 발행 허용, 친일파 양성을 위한 민족 분열책(문화 통치는 겉에서 보이는 것이지 실제로는 변한 것이 없다.)
1930년대 이후 민족 말살 통치
병참 기지화 정책 실시(한반도를 전쟁 수행을 위한 군수 물자 생산 기지로 삼음), 황국 신민화 표방(황국 신민 서사 암송, 신사 참배 강요, 우리말 사용 금지, 일본식 성명 강요, 내선 일체 강조), 국가 총동원법 실시(배급. 공출제 실시, 징병, 징용, 군 위안부 동원)

1. [정답]
조선 교육령 개정(1938년 3월)
2. [정답]
창씨개명(1940년 2월)
3. [정답]
여자 정신대 근로령(1944년 8월)
4. [정답]
관동 대지진(1923년 9월)
5. [정답]
국민 징용령(1939년 7월)
6. [정답]
원자 폭탄(1945년 8월)

 ### 책을 다시 읽는 아이들(56~57쪽)

1. [정답] | 얼과 말과 글(22쪽)
2. [정답]
꽃잎으로 글자를 썼습니다. "산", "하늘", "별"(25쪽)
3. [정답]
목수인 봉구 아저씨는 아이들에게 장단 맞춰 방귀를 뽕뽕 뀌어 주기 때문이다(29쪽).

4. [정답]
   방구 아저씨를 찾아온 이유
   방구 아저씨가 일본 산림관 히라노에게 괴목장을 넘기지 않자 일본 순사 이또오는 허가 없이 나무를 베었다는 누명을 씌우기 위해서 찾아왔다.
   방구 아저씨의 행동
   방구 아저씨는 이또오에게 순사 나으리라고 부르지도 않고 굽실거리지도 않았다. 그리고 이또오가 곤봉으로 방구 아저씨의 가슴을 쿡쿡 찌르자 이또오를 땅바닥에 던졌다 (35쪽~36쪽).

5. [정답]
   꽃(처음에는 진달래꽃. 어떤 때는 노오란 민들레, 어떤 때는 진분홍 렌게 꽃)(48~49쪽).

6. [정답]
   일어난 일 : 지진, 겐지는 어떻게 되었나: 자경단에게 잡혀 역대 일왕을 제대로 된 발음으로 외우지 못한다고 하여 죽임을 당했다(64쪽).

7. [정답]
   시인 이름: 윤동주, 지은 죄 : 조선인 학생 민족주의 그룹사건(조선말도 글도 못 쓰게 되었으니 조선말로 된 것들은 모두 사서 모으라고 했기 때문) (120쪽).

8. [정답] | 생체 실험(113쪽)

9. [정답]
   원자 폭탄에 희생된 사람들은 기리기 위해 평화 기념 공원에 갔다.

10. [정답]
    다른 나라들은 다 그냥 놔두고 왜 일본에게만 원자 폭탄을 떨어뜨렸나?(196쪽)
    [길라잡이]
    마사코가 "왜 미국은 일본에 꼬마를 떨어뜨렸냐?"고 물었을 때 할머니는 "히로시마에 중요한 시설이 많고 사람들이 많이 살고 있어서."라고 대답했다. 그러자 마사코는 "지구에 다른 나라도 많은데 왜 하필 일본이냐?"고 재차 질문한다. 할머니는 "그건 일본을 만만하게 봐서 그렇다."고 대답한다. 마사코는 그때 유키짱을 이야기하며 "일본은 얌전히 있는데 미국이 자기네들 맘대로 꼬마를 실험해 보려고 했냐?"고 묻는다. 그러나 할머니는 어리둥절해하며 아무 말도 해 주지 못한다.

책을 깊게 읽는 아이들(58~59쪽)

1. [예시답]
   선생님께 매를 맞지 않으려고 친한 친구끼리도 거리낌 없이 나무패를 넘겨준다. 그런 친구를 미워하는 마음이 생겨서 가슴에 원망하는 마음이 들었다(16쪽).

2. [예시답]
   시인이 되어 우리의 말과 글을 마음껏 쓰고 표현하라고.

3. [예시답]
   우리의 말과 글의 아름다움을 느껴서, 시인이 되어 우리의 말과 글을 지키겠다는 다짐.

4. [예시답]
   우리 나라가 일본으로부터 해방이 되는 날, 독립을 이루는 날.

5. [예시답]
   아저씨가 정말 보고 싶을 거예요. 이또오 "이 똥아" 꼭 벌을 받을 거야.
   [길라잡이]
   아이들을 예뻐해 주신 아저씨를 떠나보내야 하는 마음을 드러내는 말이나, 이또오에 대한 원망, 나라를 잃어 억울하고 서러운 마음이 들어가면 모두 인정한다.

6. [예시답]
   투망은 물고기를 잡는 도구이다. 시인은 푸른 강물에서 자유롭게 노니는 물고기들이 한 마리도 잡히지 않으면 한다. 투망은 일본, 물고기는 시인 자신 또는 우리 민족을 비유해서 나타낸 말이다(118쪽).

7. [예시답]
   다시는 나라를 빼앗겨 자유를 잃지 말거라.

8. [예시답]
   다시는 전쟁으로 사다코 같은 피해자가 나오지 않기를 바라는 마음.

9. [예시답]
   다른 나라를 침략하고 많은 전쟁을 일으켰던 그런 실수는 하지 않겠다.

책을 내 것으로 만드는 아이들(60~61쪽)

1. [예시답]
   ① 중국 : 동북공정, 일본 : 교과서 왜곡(독도 영유권, 임나일본부설, 한국 식민 지배 정당성 강화)
   [길라잡이]
   중국 : 동북공정을 우리나라 말로 풀이하면 '동북 변경 지역의 역사와 현상에 관한 체계적인 연구 과제'라는 뜻이다. ('동북'은 만주 지역을 가리키는 말로 만주 지역이 베이징을 중심으로 동북쪽에 있기 때문에 그렇게 칭한다. 동북공정의 대상은 고조선사, 부여사, 고구려사, 발해사이다. 중국 땅에서 이루어진 역사는 모두 중국의 역사라는 주장이다.)

일본 : 일본은 1905년 러·일 전쟁 직후 내각 결의로 독도를 다케시마라고 이름 짓고 일본 영토로 편입하겠다고 불법적으로 결정했다. 이것이 일본의 독도 영유권 주장의 전부이다.

임나일본부설(역사 교과서에 일본의 야마토가 4세기 후반 한반도 남부 지역에 진출하여 백제, 신라, 가야를 지배하고 특히 가야에는 일본부라는 기관을 두어 6세기 중엽까지 직접 지배하였다는 설.)

한국 식민 지배 정당성 강화 : 한반도 병합 과정에서의 침략 행위와 강제성을 은폐하고 국제적으로 인정받은 것으로 기술하는 행위.

② 두 나라 모두 자신들의 국익 때문에 그렇게 주장한다.

[길라잡이]
중국이 동북공정을 추진하는 이유는 한반도와 관련된 역사를 중국 역사로 만들어 한반도가 통일되었을 당시 영토 분쟁을 방지하기 위해서이다. 동북아의 중심에 서기 위해 일본이 독도 영유권을 주장하는 이유는 자원 때문이다. 임나일본부설을 왜곡하는 이유는 고대에도 한국은 일본의 지배하에 있었다고 주장하고 싶어 하기 때문이다.

③ 점수를 위한 역사 공부가 아닌 역사적 사실에 대한 다양한 관점을 가지고 공부하자. 역사에 관심을 갖자. 한국인의 정체성을 잊지 않도록 한다.

2. [예시답]
역사를 통해 삶의 지혜를 얻을 수 있다. 과거의 사실을 배움으로써 현재를 이해할 수 있다. 역사를 보면서 자신의 현재 위치를 알고 미래를 준비할 수 있다.

[길라잡이]
기사의 내용은 다음과 같다. 2006년에 중국 교과서에 석굴암이 일본 고대의 거대 불상이라는 엉뚱한 설명이 붙어 있었다. 이준호 군은 초등학교 6학년 때 중국 교과서의 사진 설명이 잘못된 것을 발견하고 출판사에 정정을 요청하는 편지를 보냈고, 출판사 측은 편집상의 실수를 인정하고 곧바로 잘못된 부분을 바로 잡아 새로 출판했다. 유학한 지 6개월밖에 안 된 어린 학생의 힘으로 일본 불상으로 잘못 가르치고 있던 세계 문화유산인 석굴암 불상이 제 자리를 찾았다.

역사는 개인과 민족의 정체성을 확립하는 데 매우 중요한 역할을 한다. 그렇기 때문에 왜곡된 역사는 우리 민족의 정체성에 부정적 역할을 할 수 있다.

3. [정답]
그래 마사코. 일본의 욕심으로 많은 사람이 희생되었단다. 이제 다시는 그런 실수를 저지르지 않도록 해야 해.

[길라잡이]
일본의 죄를 반성하는 글이 되되 격앙된 표현들은 자제한다.

아이들을 위한 PSAT와 LEET(62~63쪽)

1. [정답] | ⑤
[길라잡이]
이 문제는 소설의 3요소 중 구성을 묻는 질문이다.
(소설의 3요소: 주제, 구성, 문체), (구성의 3요소: 인물, 사건, 배경)
시간적 배경과 공간적 배경을 알 수 있는 부분: 일본이 하와이 진주만을 기습해서 태평양 전쟁을 일으킨 지 일년 넉 달하고 스무하루가 되는 날 안골 마을 김봉구 아저씨가 돌아가셨다.

2. [정답] | ④
[길라잡이]
이 문제는 중심 내용을 잘 파악하고 있는지를 묻는 질문이다.
①은 방구 아저씨가 돌림병에 몽땅 식구를 잃었기 때문에 정답이 아니다.
②는 꽃상여를 넣어 두는 곳집 근처에 혼자 산다고 했을 뿐 직업에 대해서는 언급이 없었기 때문에 정답이 아니다.
③은 콩이나 시래기죽은 아이들에게 주었기 때문에 정답이 아니다.
⑤는 마을 사람들이 방구 아저씨에게 장가를 가라고 건네는 말이기 때문에 정답이 아니다.

3. [정답] | ④
[길라잡이]
"유비 추론"을 통해 주장을 추론하는 내용이다. 지문은 일본이 먼저 잘못했다는 주장을 담고 있다. 가만히 읽어 보면 ㉣의 "유키짱은 바보 얼간이야."라는 문장의 의미는 일본의 잘못을 모르고 미국만 탓한다는 것이다. 따라서 이 문장을 ④처럼 일본은 반성도 하고 과거의 잘못을 뉘우쳤다라고 이해하면 곤란하다. 유키짱은 바보 얼간이라는 것을 근거로 일본은 바보 얼간이라고 말하는 것이기 때문이다.

이 문제가 단지 문장들 간의 내용을 비교하는 것이라면 국어 문제가 될 수 있지만, 위와 같은 내용을 근거로 무엇인가를 주장한다면 이것은 논리적인 문제가 된다. 우리는 다른 것에 빗대어 자신의 주장을 하는 경우에 "유비 추론" 또는 "유추"라고 한다.